ち

Tusculum-Bücherei
Herausgegeben von Dr. Hans Färber und Dr. Max Faltner

Dr. Hieronymus Geist

POMPEIANISCHE WANDINSCHRIFTEN

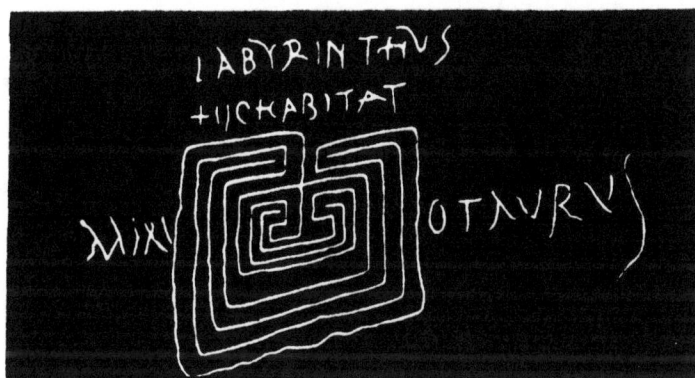

400 Originaltexte mit Übersetzung und Angabe
des Fundortes

Zweite erweiterte Auflage unter Mitarbeit
von Dr. Werner Krenkel

Ernst Heimeran Verlag in München

2. Auflage 1960. 69
Photomechanischer Nachdruck der Graph. Anstalt E. Wartelsteiner,
München
Printed in Germany

INHALT

A

1   C(orpus) I(nscriptionum) L(atinarum) IV 3758
    Lucretium Frontonem
    Gefunden: Regio IX, Insula 6, Domus 7, rechts (vom Eingang)

2   CIL IV 7346
    Popidio Rufo feliciter. Dignus est
    I 10,4 (Haus des Menander), rechts.

3   CIL IV 7463
    Pansam aed(ilem) o(ro) v(os) f(aciatis). Dignus est
    I 13,3, links.

4   CIL IV 456
    A. Vettium Firmum verecundissimum iuvenem d(uumvirum)
    v(iis) a(edibus) s(acris) p(ublicis) p(rocurandis) o. v. fa-
    ciatis
    Neapel, im Museum.

5   CIL IV 7210
    L. Popidium Ampliatum aed. Paquius rog(at)
    I 7, 1 (Haus des P. Paquius Proculus), in der Mitte der Wand.

6   CIL IV 7851
    L. Popidium L(uci) f(ilium) Ampliatum aed. Montanus
    cliens rogat cum latruncularis
    IX 7, 9 (Haus des Montanus), links.

7   CIL IV 7605
    Epidium Sabinum IIvir(um) iur(i) dic(undo) o. v. f. Tre-
    bius cliens facit consentiente sanctissimo ordine
    IX 18, 6, rechts, teils unter einer jüngeren Inschrift.

8   CIL IV 7919
    C. Cuspium Pansam aed. o. v. f. Purpurio cum Paridianis
    (rogat)
    IX 16, 7, links vom Eingang eines Ladens.

6

Wählt Lucretius Fronto!

Heil Popidius Rufus! Er ist (des Amtes) würdig.

Macht den Pansa zum Ädilen, ich bitte euch! Er ist es wert.
o. v. f., „ich bitte euch", ist die konventionelle Empfehlungsformel.

Ich bitte euch, macht den ehrenhaften jungen Mann Aulus Vettius Firmus zum Duumvirn zur Betreuung der Wege, der Tempel und der öffentlichen Opfer!

Den Lucius Popidius Ampliatus erbittet als Ädilen Paquius.
Hausbesitzer ließen ihren Wahlvorschlag meist am eigenen Hause
veröffentlichen.

Den Lucius Popidius Ampliatus, den Sohn des Lucius, empfiehlt als Ädilen der Klient Montanus zugleich mit den Brettspielern.

Den Epidius Sabinus macht zum rechtsprechenden Duumvirn der Klient Trebius in Übereinstimmung mit dem hochwohllöblichen Stadtrat.

Macht den Gaius Cuspius Pansa zum Ädilen! Purpurio mit den Parisverehrern empfiehlt ihn.
Paris ein berühmter Schauspieler.

7

9   CIL IV 7213
Cn. Helvium Sabinum aed. d(ignum) r(e) p(ublica) Amandio cum sua rog.
I 7, 1 (Haus des P.Paquius Proculus), rechts.

10 CIL IV 103
M. Holconium Priscum, C. Gavium Rufum IIvir(os) Phoebus cum emptoribus suis rogat
Neapel, im Museum.

11 CIL IV 275
C. Cuspium Pansam aed. . . . . Saturninus cum discentes rogat
VII 4, 62, links.

12 CIL IV 221
M. Cerrinium Vatiam aed., dignum rei p., Tyrannus cupiens fecit cum sodales
VI 7, 21 (Haus des Antistius Maximus), neben dem Eingang.

13 CIL IV 1150
Secundum aed. fornacator rog.
Neapel, im Museum.

14 CIL IV 7164
Holconium Priscum IIvir(um) fullones universi rog.
I 6, 7 (Haus des Tuchwalkers Stephanus), rechts über der Tür.

15 CIL IV 7809 (vgl. 7838)
Herennium et Suettium aed(iles) quactiliari rogant . . .
IX 14, 1, an der Oberkante des Sockels.

16 CIL IV 7812
Calventium IIv. i. d. infectores rog.
IX 14, 2, rechts.

Den eines öffentlichen Amtes würdigen Cnäus Helvius Sabinus schlägt zum Ädilen vor Amandio mit der Seinen.

Den Marcus Holconius Priscus und Gaius Gavius Rufus schlägt für das Duumvirat vor Phöbus mit seiner Kundschaft.

Den Gaius Cuspius Pansa schlägt zum Ädilen . . . vor Saturninus mit sein e Lehrling e.

Den eines öffentlichen Amtes würdigen Marcus Cerrinius Vatia hat mit Nachdruck zum Ädilen gemacht Tyrannus mit sein e Vereinsmitgliede r.

Den Secundus empfiehlt als Ädilen der Badheizer.

Den Holconius Priscus erbitten als Duumvirn alle Tuchwalker.
Wahlempfehlungen von Zünften fanden ihren Platz meist an den Innungshäusern oder am Haus eines bedeutenden Handwerksvertreters.

Den Herennius und Suettius erbitten als Ädilen die Filzmacher.

Den Calventius erbitten als rechtsprechenden Duumvirn die Färber.

17 CIL IV 753
    Gavium Rufum sagari rog.
    VIII 4, 28.

18 CIL IV 710
    C. Cuspium Pansam aed(ilem) aurifices universi rog.
    VII 9 (Gebäude der Eumachia), an der Mauer zur Straße des
    Überflusses.

19 CIL IV 7473
    Lollium aed. o. v. f. tegettari (rogant)
    I 13, 5 (Haus der Taedia Secunda), rechts.

20 CIL IV 960
    Cuspium Pansam aed. lignari universi rog.
    VII 1, 13.

21 CIL IV 485
    Marcellinum aed. lignari plostrari rog.
    An der Nordseite des Nolaner Tores.

22 CIL IV 113
    C. Iulium Polybium IIvir. muliones rog.
    VI 17, 1 (Laden des Albinus).

23 CIL IV 274
    M. Cerrinium Vatiam aed. saccari rog.
    Von der Strada del Foro (?).

24 CIL IV 743
    I. Trebium aed. tonsores (rogant)
    VIII 4, 12

25 CIL IV 490
    M. Casellium Marcellum aed. agricolae rog.
    Am Nolaner Tor.

26 CIL IV 6672
    Casellium vindemitores aed. rog.
    VI 16, 23, rechts.

    10

Den Gavius Rufus erbitten die Mantelschneider.

Den Gaius Cuspius Pansa erbitten als Ädilen sämtliche Goldschmiede.

Den Lollius erbitten als Ädilen die Mattenfabrikanten.

Den Cuspius Pansa erbitten als Ädilen sämtliche Holzhändler.

Den Marcellinus erbitten als Ädilen die Holzfuhrleute.

Den Gaius Julius Polybius erbitten als Duumvirn die Maultiertreiber.

Den Marcus Cerrinius Vatia erbitten als Ädilen die Sackträger.

Den Julius Trebius erbitten als Ädilen die Barbiere.

Den Marcus Casellius Marcellus erbitten als Ädilen die Ackerbauern.

Den Casellius erbitten als Ädilen die Winzer.

27   CIL IV 7273
      Cn. Helvium Sabinum aed. pistores rog. et cupiunt cum vicinis
      I 8, 7 (Haus des L.Vetutius Placidus), rechts.

28   CIL IV 677
      Trebium aed. o. v. f. clibanari rog.
      VII 9, 42, rechts.

29   CIL IV 3485
      Cn. Helvium Sabinum aed. aliari rog.
      VI 14, 28, rechts.

30   CIL IV 202
      M. Holconium Priscum IIvir. i. d. pomari universi cum Helvio Vestale rog.
      VI 8, 22 (Haus des Helvius Vestalis), rechts.

31   CIL IV 373
      Epidium et Suettium IIvir(os) . . . gallinari rogant
      IX 4, 22, links.

32   CIL IV 783
      . . . forenses rog.
      Von der Via dell'Abbondanza.

33   CIL IV 826
      Popidium Rufum aed., piscicapi, facite
      VIII 7, aus der Strada dei Teatri.

34   CIL IV 336
      Sallustium Capitonem aed. o. v. f., caupones, facite
      VI 14, 15, rechts.

35   CIL IV 609
      Verum aed. o. v. f., unguentari, facite rogo
      VII 9, 13, rechts.

36   CIL IV 1147 (vgl. 7575)
      A. Vettium Firmum aed. . . . ., pilicrepi, facite
      Neapel, im Museum.

Den Cnäus Helvius Sabinus erbitten als Ädilen die Bäcker und wünschen das mitsamt ihren Nachbarn.

Den Trebius erbitten als Ädilen die Kuchenbäcker.

Den Cnäus Helvius Sabinus erbitten als Ädilen die Knoblauchhändler.

Den Marcus Holconius Priscus erbitten als Duumvirn für Rechtsprechung sämtliche Obsthändler zusammen mit dem Helvius Vestalis.

Den Epidius und Suettius erbitten als Duumvirn die Geflügelhändler.

. . . erbitten die Advokaten.

Den Popidius Rufus macht zum Ädilen, Fischer!

Den Sallustius Capito macht zum Ädilen, Schenkwirte!

Den Verus macht zum Ädilen, Salbenhändler, bitte, wählt ihn!

Den Aulus Vettius Firmus macht zum Ädilen . . ., Ballspieler!

37   CIL IV 128
     M. Cerrinium aed. Salinienses rog.
     Aus der Via Consolare.

38   CIL IV 787
     Cn. Helvium Sabinum aed. Isiaci universi rog.
     Neapel, im Museum (?).

39   CIL IV 3678
     M. Casellium et L. Albucium aed(iles) o. v. f. Statia et Pe-
     tronia rog. Tales cives in colonia in perpetuo
     IX 3, 19, links.

40   CIL IV 4999
     M. Casellium Marcellum, aedilem bonum et munerarium
     magnum
     IX 2, 26, links.

41   CIL IV 7873
     Ceium Secundum IIv. i. d. Asellina rog.
     IX 15, 3, rechts, neben einer Bar.

42   CIL IV 7862
     Cn. Helvium Sabinum aed. . . . Aegle rogat
     IX 15, 2, links.

43   CIL IV 7866
     Cn. Helvium Sabinum aed . . . . Maria rogat
     IX 15, 2, rechts.

44   CIL IV 7221
     L. Popidium aed. Ismurna rog.
     I 7, 3-4.

     14

Den Marcus Cerrinius erbitten als Ädilen die Salinenser.
Die Bewohner der Hafenvorstadt.

Den Cnäus Helvius Sabinus erbitten als Ädilen sämtliche Isisverehrer.

Den Marcus Casellius und Lucius Albucius macht zu Ädilen! Das bitten Statia und Petronia. Solche Bürger sollten ständig in unserer Stadt sein!
Frauen waren vom Wahlrecht ausgeschlossen.

Wählt den Marcus Casellius Marcellus! Er ist ein guter Ädil, der herrliche Spiele geben wird.
Graffito.

Den Ceius Secundus erbittet als Duumvirn für Rechtsprechung Asellina.
Inhaberin einer Bar in den „Neuen Ausgrabungen".

Den Cnäus Helvius Sabinus erbittet als Ädilen . . . Ägle.
Bardame im Betriebe der Asellina

Den Cnäus Helvius Sabinus erbittet als Ädilen . . . Maria.
Bardame im Betriebe der Asellina.

Den Lucius Popidius erbittet als Ädilen Ismurna.
Bardame im Betriebe der Asellina.

45   CIL IV 7863
C. Lollium Fuscum IIvir. . . . Asellinae rogant nec sine Zmyrina
IX 15, 2, links.

46   CIL IV 7910
L. Popidium iuvenem aed., Crescens, scio te cupere
IX 16, 6 (Werkstätte des Crescens).

47   CIL IV 920
Procule, Frontoni tuo officium commoda
Etwa bei VII 1, 25 gefunden.

48   CIL IV 3409
Popidium Secundum aed .... o. v. f. Rufine, fave, et ille te faciet
V 1, 18 (Haus des Rufinus), rechts.

49   CIL IV 3760
Rustium Verum d. i. d. Vere fac, qui te fe(cit)
IX 13, 7, rechts.

50   CIL IV 7619
Trebi, surge, fac aed. Lollium Fuscum adulescentem probum
IX 19, 1 (Haus des A. Trebius Valens), rechts.

51   CIL IV 7649
Popidium IIvir. Graphice, vigula
IX 20, 4 (Laden des Graphicus), links.

52   CIL IV 548
Tu decontra rog(are) deb(es) Artor(ium)
VII 7, 19 (?).

53   CIL IV 429
C. Iulium Polybium aed. o. v. f. Panem bonum fert
Von der Via di Nola.

Den Gaius Lollius Fuscus erbitten als Duumvirn . . . die Asellinen, nicht ohne Zmyrina.

Der Name Zmyrina durch einen Kalkstrich getilgt.

Ich weiß, Crescens, daß du den Popidius, den jungen Mann, als Ädilen wünschest.

Proculus, bequeme dich zu deiner Pflicht deinem Fronto gegenüber!

Ich bitte euch, macht den Popidius Secundus zum Ädilen! Rufinus, deine Gunst! Er wird auch dich dazu machen.

Wählt den Rustius Verus zum rechtsprechenden Duumvirn! Verus, wähl den, der dich gewählt hat!

Trebius, auf! Mach den Lollius Fuscus zum Ädilen, den rechtschaffenen Jüngling!

Wählt den Popidius zum Duumvirn! Graphicus, wach auf!

Du gegenüber mußt den Artorius vorschlagen!

Ich bitte euch, macht den Gaius Julius Polybius zum Ädilen! Er sorgt für gutes Brot.

54 CIL IV 3702

Bruttium Balbum IIvir. Genialis rog. Hic aerarium conser
vabit

IX 13, 3, links.

55 CIL IV 7065

Aedilem Proculum cunctorum turba probavit:
* hoc pudor ingenuus postulat et pietas*

V 4, Südseite, rechts neben dem ersten Eingang von Osten.

56 CIL IV 581

M. Cerrinium Vatiam aed. o. v. f. seribibi universi rogan

VII 2, 44, links.

57 CIL IV 575

Vatiam aed. rogant dormientes universi

VII 2, 40, rechts.

58 CIL IV 576

Vatiam aed. furunculi rog.

VII 2, 41, rechts.

59 CIL IV 425

Claudium IIvir. animula facit

Von der Strada di Nola.

60 CIL IV 2887

Quintio si qui recusat, assidat ad asinum

VII 4, 44, vier Meter über dem Erdboden.

61 CIL IV 1597 (noch mehrmals gefunden)

Communem nummum dividendum censio est;
nam noster nummus magna(m) habet pecuniam

IV 1, 1, an der linken Wand des Einganges.

62 CIL IV 3775

L. Statium Receptum IIvir. i. d. o(rant) v(os) f(aciatis,
vicini, dig(num). Scr(ipsit) Aemilius Celer vic(inus). In
vidiose qui deles, aegrotes

IX 6,8 (Haus des Hundertjährigen), rechts.

Genialis schlägt den Bruttius Balbus zum Duumvirn vor.
Dieser Mann wird die Finanzen in Ordnung halten.

Als Ädilen hat den Proculus das ganze Volk gutgeheißen:
dies fordert der natürliche Anstand und der Respekt.

Graffito.

Den Marcus Cerrinius Vatia erbitten als Ädilen alle Spät-
trinker („Nachtlichter").

Den Vatia empfehlen als Ädilen sämtliche Schlafmützen.

Den Vatia schlagen zum Ädilen vor die Spitzbuben.

Den Claudius macht zum Duumvirn sein Schätzchen.

Wenn einer dem Quintius seine Stimme versagt, soll er auf
dem Esel reiten!

Der Gemeindesäckel soll aufgeteilt werden, dafür stimme
ich; denn unsere Stadtkasse hat gewaltig viel Geld.

Die Nachbarn wünschen, daß ihr den Lucius Statius Re-
ceptus zum rechtsprechenden Duumvirn macht; er verdient
es. Dies hat geschrieben Ämilius Celer, der Nachbar. Krank-
heit soll kommen über dich, wenn du es neidischerweise zer-
störst! Celer: vermutlich ein berufsmäßiger Plakatschreiber.

2*

63   CIL IV 3529
      M. Pupium Rufum IIvir. i. d. ... Mustius fullo facit et
      dealbat, scr(ibit) unicus sine reliq(uis) sodalib(us)
      VI 15, 3, rechts.

64   CIL IV 7621
      C. Iulium Polybium aed ....
      Lanternari, tene scalam
      IX 19, 1 (Haus des A. Trebius Valens), rechts.

65   CIL IV 362
      Verum d. vir. i. d. o. v. f.
      Descende
      Von der Via di Nola.

66   CIL IV 3502
      Holconium Priscum aed., Clodi, fac
      Sei copo, probe fecisti, quod sella(m) commodasti
      VI 14, 39, links.

B

1   CIL IV 1190
      A. Suetti Certi aedilis familia gladiatoria pugnabit Pompeis
      pr(idie) K(alendas) Iunias; venatio et vela erunt
      VII 12, 15, rechts.

2   CIL IV 3884
      D. Lucreti Satri Valentis flaminis Neronis Caesaris Au-
      g(usti) fili perpetui gladiatorum paria XX et D. Lucreti(o)
      Valentis fili glad. paria X pug(nabunt) Pompeis VI. V. IV.
      III. pr. Idus Apr. Venatio legitima et vela erunt. Scr(ipsit)
      Aemilius Celer sing(ulus) ad luna(m)
      IX 7, 4.

20

Den Marcus Pupius Rufus macht zum rechtsprechenden Duumvirn der Tuchwalker Mustius und er übertüncht die Wand, schreibt dies ganz allein ohne die übrigen Gesellen.

Die Plakate wurden auf die weißgetünchte Wand geschrieben und zum Anbringen neuer Manifeste öfter übermalt. Der Plakatschreiber pflegte bei der nächtlichen Arbeit Gehilfen bei sich zu haben: der Laternenträger leuchtete und hielt die Leiter, der dealbator trug die weiße Tünche auf.

Den Gaius Julius Polybius wählt zum Ädilen! Laternenträger, halt die Leiter! (Zusatz des Plakatschreibers.)

Ich bitte euch, macht den Verus zum Duumvirn für Rechtsprechung! Steig herab!

Den Holconius Priscus mach zum Ädilen, Clodius! Schenkwirt Seius, du hast recht getan, daß du mir einen Stuhl geliehen hast.

GLADIATORENSPIELE

Des Ädilen Aulus Suettius Certus Gladiatorentruppe wird kämpfen in Pompeii am 31. Mai; es wird Tierhetze sein und die Sonnensegel werden aufgezogen.

20 Gladiatorenpaare des Decimus Lucretius Satrius Valens, ständigen Priesters des Nero, des Kaisersohnes, und 10 Gladiatorenpaare des Decimus Lucretius Valens, des Sohnes, werden kämpfen in Pompeii am 8., 9., 10., 11. und 12. April. Große Tierhetze und Sonnensegel. Dies hat geschrieben Ämilius Celer, ganz allein, bei Mondenschein.

3   CIL IV 7993

Dedicatione operis tabularum Cn. Allei Nigidi Mai Pompeis Idibus Iunis. Pompa, venatio, athletae, vela erunt. Nigra va(le)

IX 19, 1 (Haus des A.Trebius Valens), rechts.

4   CIL IV 7991

Cn. Allei Nigidi Mai quinq(uennalis) sine impensa publica glad(iatorum) par(ia) XX et eorum supp(ositicii) pugn(abunt) Pompeis. . . . Telephe, summ(a) rudis, instrumentum muneris, u(bique) va(le). Diadumeno et Pyladioni f(eliciter)

IX 19, 1 (Haus des A.Trebius Valens), links.

5   CIL IV 1180

Pro salute Caesaris Augu(sti) li(b)e(ro)rumqu(e eius) . . . Cn. (All)ei Nigidi Mai . . . pugn(abit) Pompeis sine ulla dilatione IIII. Non(as) Iul(ias). Venatio, vela erunt

VIII 7, an der Rückwand des großen Theaters.

6   CIL IV 370

. . . . qua dies patientur . . . .

Von der Via di Nola.

7   CIL IV 7989

. . . . venatio, athletae et sparsiones erint . . . . Maio principi coloniae felic(iter)

II 7, Palaestra, Außenseite der Nordwand.

8   CIL IV 7994

Par(ia) XLIX(de) familia Capiniana muneribus Augustorum pug(nabunt) Puteol(is) a. d. IV. Id(us) Mai(as), pr(idie) Id(us) Mai(as) et XVII. XV. K(alendas) Iu(nias). Vela eri(n)t. Magus (scripsit)

III 1, 1–2.

22

Anläßlich der Einweihung des Archivs kämpft (die Gladia-
torentruppe) des Cnäus Alleius Nigidius Maius in Pompeii
am 13. Juni. Feierlicher Aufzug, Tierhetze, Athleten,
Schutzdach. Nigra, leb wohl!

Im o des Wortes dedicatione hat der Schreiber Ocella seinen
Namen verewigt.

20 Gladiatorenpaare des Quinquennalen Cnäus Alleius Ni-
gidius Maius und deren Ersatzmänner werden ohne öffent-
liche Ausgaben in Pompeii kämpfen. . . . Telephus, beste
Klinge, Seele des Betriebs, wo du auch seiest, sei gegrüßt!
Heil dem Diadumenus und Pyladio!

Zum Heile des Kaisers und seiner Kinder wird (die Gladia-
torenbande) des Cnäus Alleius Nigidius Maius in Pompeii
kämpfen ohne jeden Aufschub am 4. Juli. Tierhetze, Segel!

. . . soweit es die Witterung zuläßt.

Am Schlusse einer Ankündigung.

. . . . Tierhetze, Athleten, Sprengungen (mit Wasser),
Schutzdach. Heil dem Maius, dem ersten Bürger der Stadt!

49 Paare aus der Gladiatorenfamilie des Capinius werden auf
Kosten des Kaiserhauses in Puteoli kämpfen am 12., 14.,
16. und 18. Mai. Sonnensegel. Magus hat es geschrieben.

9   CIL IV 1989

Heic venatio pugnabet V. K. Septembres et Felix ad ursc *pugnabet*

VIII 3, 24, an der Nordwand des Atriums.

10   CIL IV 1329

Nucerinis infelicia

Aus der Via di Mercurio.

11   CIL IV 2183

Puteolanis feliciter, omnibus Nucherinis felicia   et un *cu(m) Pompeianis Petecusanis*

VII 12, 18.

12   CIL IV 1293

Campani, victoria una cum Nucerinis peristis

VI 10, 8–9 (Haus des Castor und Pollux).

13   CIL IV 2483

Mansuetus provocator victor Veneri parmam feret

VIII 7 (Gladiatorenkaserne), auf einer Säule.

14   CIL IV 2398 und pagina 221

Proeliare, Gangens, Caesar te spectat

IX 1, 22, an der rechten Wand des Peristyls.

15   CIL IV 4302

Rusticus Ma(n)lius (pugnarum) XII, c(oronarum) XI

IV 2, 3 (Haus der Gladiatoren), auf einer Säule des Peristyls.

Hier wird sich die Tierkämpfertruppe am 28. August produzieren und Felix wird im Bärenkampf auftreten.

Graffito.

Unglück über die Nuceriner!

Bewohner des nahe gelegenen Nuceria, die das Amphitheater in Pompeii zu besuchen pflegten, aber bei den Pompeianern verhaßt waren ebenso wie die Bewohner von Puteoli. Graffito.

Heil den Puteolanern, Heil allen Nucerinern (fortgesetzt von 2. Hand) und zum Henker mit den Pompeianern und Pitecusanern! Die Pitecusaner, Bewohner von Ischia, sympathisierten mit den Pompeianern. Graffito.

Ihr Vorstädter (Campaner), gleichzeitig mit den Nucerinern seid auch ihr besiegt worden.

Bei einer Vorführung im Amphitheater [59 n. Chr.] hatte der Haß gegen die fremden Gäste zu einer blutigen Schlägerei geführt, die mit einer Niederlage der Nuceriner endete [Tacitus Ann. 14, 17]. Die Campaner hatten für die Nuceriner Partei ergriffen. Graffito.

Mansuetus, der Herausforderer, wird, wenn er siegt, der Venus seinen Schild darbringen.

Graffito.

Kämpfe, Gangens, der Kaiser schaut auf dich!

Graffito.

Rusticus Manlius hat 12mal gekämpft und 11mal gesiegt.

16   CIL IV 5275

Nasica Aug(ustianus) LX

IX 7, 12, im Garten, rechts neben einer Pforte.

17   CIL IV 1421

... Priscus N(eronianus) VI v(icit)
  Herennius l(ibertus) XIIX p(eriit)

VI 11, 10 (Haus des Labyrinths), auf einer Westsäule der Porticus.

18   CIL IV 1422

Asteropaeus Ner(onianus) CVII v(icit)
Oceanus LVI m(issus)

VI 11, 10 (Haus des Labyrinths), auf einer Westsäule der Porticus.

19   CIL IV 9343 (?)

Montanus sum, X

I 2, 20, aus einem Zimmer hinter dem Schankraum einer Kneipe. Lesung unsicher.

20   CIL IV 1111

Omnia munera vicisti; ton hepta theamaton esti.

II 6, Amphitheater, an der Nordseite.

21   CIL IV 538

Abiat Venere Bompeiiana iratam, qui hoc laesaerit

VII 5, 14, rechts.

22   CIL IV 3547

Fabi T(h)r(aex), va(le)

VI 15, 5, rechts.

23   CIL IV 3546

Minuci mur(millo), va(le)

VI 15, 5, rechts.

24   CIL IV 75

Barca, tabescas

II 6, Amphitheater, in den nördlichen Arkaden.

26

Der Augustianer Nasica hat 60mal gesiegt.

Aus der von Augustus gegründeten Schule stammend. Graffito.

. . . Der Neronianer Priscus, der 6mal gekämpft hat, hat gesiegt; der Freigelassene Herennius, der 18mal gekämpft hat, ist gefallen.

Graffito mit Zeichnung.

Der Neronianer Asteropäus, der 107mal gekämpft hat, hat gesiegt; Oceanus, der 56mal gekämpft hat, ist begnadigt worden.

Graffito mit Zeichnung.

Ich bin Montanus, 10 Siege.

Graffito mit Zeichnung.

In allen Kämpfen hast du gesiegt; er ist eines der sieben Weltwunder.

Den Zorn der Venus von Pompeii soll sich zuziehen (habeat), wer dies beschädigt! *Unter einem Gladiatorengemälde.*

Thracier Fabius, alles Gute!

Myrmillo Minucius, alles Gute!

Barca, verrecke!

27

25 CIL IV 1664
    Nica, Glaphyrine
    VII 7, 21, links.

26 CIL IV 4397
    Suspirium puellarum Celadus Thr(aex)
    IV 2, 3 (Haus der Gladiatoren), im Peristyl, auf der sechsten
    Säule.

27 CIL IV 4345
    Puellarum decus Celadus Thr(aex)
    IV 2, 3 (Haus der Gladiatoren), Peristyl, vierte Stirnsäule von
    links.

28 CIL IV 4353
    Cresce(n)s retia(rius) puparum nocturnarum . . . medicus
    IV 2, 3 (Haus der Gladiatoren), Peristyl, fünfte Stirnsäule von
    links.

29 CIL IV 4356
    Reti(arius) Cresce(n)s puparru(m) dom(i)nus
    IV 2, 3 (Haus der Gladiatoren), Peristyl, fünfte Stirnsäule von
    links.

30 CIL IV 4418
    Lucius Annaeus Seneca
    IV 2, 3 (Haus der Gladiatoren), im Speiseraum, an der Wand
    des Einganges.

C

1   CIL IV 807
    Hospitium. Hic locatur triclinium cum tribus lectis et comm(odis)
    VII 1, 44, rechts.

2   CIL IV 138
    *Insula Arriana Polliana Cn. Allei Nigidi Mai. Locantur ex
    K. Iulis primis tabernae cum pergulis suis et cenacula eques-
    tria et domus. Conductor convenito Primum, Cn. Allei Ni-
    gidi Mai ser(vum)*
    VI 4, 2, links.

28

Siege, Glaphyrinus!

Graffito.

Die Sehnsucht der Mädchen ist der Thracier Celadus.

Graffito.

Der Mädchen Stolz ist der Thracier Celadus.

Graffito.

Netzkämpfer Crescens, Arzt der Mädelchen in der Nacht.

Graffito

Netzkämpfer Crescens, Herr der Mädelchen.

Graffito.

Der Philosoph Lucius Annäus Seneca, der einzige unter den römischen Schriftstellern, der die blutigen Kampfspiele verurteilte.

Graffito.

A N Z E I G E N

Gasthaus. Hier wird vermietet ein Speiseraum mit drei Sofas und allen Bequemlichkeiten.

Häuserblock des Arrius Pollio. Besitzer Cnäus Alleius Nigidius Maius. Vom nächsten 1. Juli ab werden vermietet: Läden mit ihren Oberzimmern, herrschaftliche Speiseräume und ein Haus. Der Mieter soll sich an Primus wenden, den Sklaven des Cnäus Alleius Nigidius Maius.

3   CIL IV 1136

*... locantur ... annos continuos quinque. S(i) q(uinquen\
nium) d(ecurrerit), l(ocatio) e(sto) n(udo) c(onsensu)*

Lesung nach Fiorelli, Bull. Nap. 1854 S. 2

Neapel, im Museum.

4   CIL IV 64

*Urna aënia pereit de taberna. Seiquis rettulerit, dabuntu\
HS LXV, sei furem dabit, unde rem servare possimus, H\
XX*

VIII 5, 33, links; vgl. Petron, c. 97. Apuleius, Met. 6, 8, 2.

5   CIL IV 3864

*Equa siquei aberavit cum semuncis honerata a. d. VII. Kal\
Decembres, convenito Q. Deciu(m) Q(uinti) l(ibertum\
Hilarum ... citra pontem Sarni fundo Mamiano*

Grab 3, vor der Porta di Nocera.

6   CIL IV 3782 (vgl. 3832. 5438)

Cacator, cave malum

IX 6, an der NW-Ecke.

7   CIL IV 7716

*Cacator, cave malum, aut si contempseris, habeas Iove(m\
iratum*

III 2, 1 (Haus des Pascius Hermes), links.

8   CIL IV 6641

Cacator, sic valeas, ut tu hoc locum tra(n)sia(s)

V 4, Westseite des Häuserblocks, nahe der Porta Vesuvio.

9   CIL IV 7038

*Stercorari, ad murum progredere!\
Si pre(n)sus fueris, poena(m) patiare neces(s)e est.\
Cave*

V 4, an der SO-Ecke.

. . . werden vermietet . . . fortlaufend auf fünf Jahre. Nach Ablauf der fünf Jahre soll die Vermietung stillschweigend verlängert sein.

Ein Bronzegefäß ist aus dem Laden abhanden gekommen. Wenn es einer zurückbringt, werden ihm 65 Sesterze ausgezahlt; wenn einer den Dieb einliefert, so daß wir wieder zu unserem Eigentum kommen können, 20 Sesterze.

Wenn jemandem am 25. November eine mit einem Packsattel beladene Stute entlaufen ist, soll er sich wenden an Quintus Decius Hilarus, Freigelassenen des Quintus . . ., diesseits der Sarnusbrücke auf dem mamianischen Landgut.

Schmutzfink, paß auf, es geht dir schlecht!
        In meterhohen weißen Buchstaben, zweimal nebeneinander.

Schmutzfink, hüte dich, daß es dir nicht schlecht bekommt; wenn du dich nicht daran kehrst, soll der Zorn des Jupiter über dich kommen!

Schmutzfink, nur wenn du über diesen Platz gehst ohne ihn zu verunreinigen, soll es dir gut gehen!

Mistvieh, geh an die Mauer hin! Wenn du erwischt wirst, mußt du es büßen. Nimm dich in acht!

D

1 CIL IV 3710
Fuscus; Cimber; Modestus; Γάιος; M. Fabius; C. Aufidius; Accia; Iucunda; Sullimah

2 CIL IV 4755
Cresce(n)s architectus
VII 7, 5, dritte hintere Säule von links.

3 CIL IV 3123
Antiochus Liviae ser(vus)
VII 2, 16, im Peristyl.

4 CIL IV 1266
Valerius Sacer (centuria) Martialis
VI, 8, 20, rechts im Eingang zu einer Tuchwalkerei.

5 CIL IV 1711
M. Nonius Campanus mil(es) coh(ortis) IX pr(aetorianae) Caesi
VII, 1, 42, an der Rückwand eines Ladens.

6 *M. Vecilius Verecundus vestiar(ius)*
M. Caesius Blandus
M. Pupius Rufus
L. Minucius Salvianus
Zosimus

7 CIL IV 4049
Rufini cubiculum
V 1, 18, an der linken Wand des Peristyls.

N A M E N K R I T Z E L E I E N

Basilika (Rechtshalle), Theater und Amphitheater förder-
ten Hunderte von solchen Namen zutage.

Crescens der Baumeister

Antiochus, der Sklave der Livia.

Valerius Sacer aus der Centurie des Martialis.

Marcus Nonius Campanus, Soldat der 9. Prätorianerkohorte
unter dem Centurio Cäsius.

Marcus Vecilius Verecundus, der Kleiderfabrikant
Marcus Caesius Blandus.
Usw.

> *Hausbesitzer ritzten mit Vorliebe ihren Namen im eigenen Hause*
> *an die Wand, oft mehrmals.*

Schlafgemach des Rufinus.

8   CIL IV 4933
     Balbus et Fortunata duo co(n)iuges
     VIII 5, 9, an der rechten Wand des rechts vom Garten gelege-
     nen Zimmers.

9   CIL IV 2321
     L. Clodius Varus, Pelagia coniunx
     IX 3, 25, im linken Schlafzimmer an der Nordwand.

10   CIL IV 3794
     Aemilius Celer hic habitat
     IX 7, Westseite, rechts neben dem siebenten Eingang von Nor-
     den.

11   CIL IV 4429
     M. Iuni insula sum
     VI 5, 10 (?)

12   *Mars; Neptunus; Venus; Liber; Musa; Fortuna; Latona*

13   *Caesar dict(ator); Maximus Caesar; Augustus; Ti(berii)
     Claudi Caesaris; Nero co(n)s(ul); Nero Caesar; Nero(n)i
     Caes(a)ri A(u)gusto; Imp(erator) Otho*

14   CIL IV 5385
     L. Sula
     Neben einer Schießscharte im zehnten Stadtturm, nächst der
     Porta Vesuvio.

15   CIL IV 1842
     *C. Pumidius Dipilus heic fuit a. d. V. Nonas Octobreis
     M. Lepid(o) Q. Catulo cos.*
     Neapel, im Museum, Tafel 12.

16   CIL IV 5305
     Successus hic
     IX 7, Westseite, rechts neben dem fünften Eingang von Nor-
     den.

34

Balbus und Fortunata, zwei Eheleute.

Lucius Clodius Varus, Pelagia seine Gattin.
Über der Stelle des Ehebettes.

Ämilius Celer wohnt hier.
> *Name des Hausherrn, in roter Schrift an die Außenwand des Hauses gemalt; hic habitat die übliche Formel.*

Häuserblock des Marcus Junius.

Namen religiöser Natur.

Namen historischer Persönlichkeiten.

Erinnerung an die Belagerung Pompejis durch Sulla.

Gaius Pumidius Dipilus ist hier gewesen am 3. Oktober unter dem Konsulat des Marcus Lepidus und Quintus Catulus.
> *Älteste Anwesenheitsnotiz aus dem Jahre 78 v. Chr., gefunden*
in der Basilika.

Successus hier gewesen.

17   CIL IV 8480
      Arruntius hic fuit cum Tiburtino
      II 1, 4, rechts; Tiburtinus wohnte nebenan in II 2.

18   CIL IV 1321
      P. Comicius Restitutus cum fratre (h)ic stetit
      Von der Strada di Mercurio.

19   CIL IV 89
      Glyco cum Martiale; sole calente sitie(n)s
      Von der Via delle Tombe, an der Außenmauer des runden
      Grabes.

                              E

1   CIL IV 6700
      Vesbine copo, va(le)
      V, 3, 9, rechts.

2   CIL IV 1574
      Eulale, bene valeas cum Vera tua coniuge . . .
      VII 4, 51 (Haus der Ariadne).

3   CIL IV 1347
      Felices homines, va(lete)
      Aus der Strada di Mercurio.

4   CIL IV 5386
      Hospes salve. Salv(u)s sis, quisqu:s es[t]. Vale
      Im Nordfenster des zehnten Stadtturmes, neben der Porta
      Vesuvio.

5   CIL IV 5350
      Aemilius Fortunato fratri salutem
      IX 14, Südseite, zwischen dem ersten und dem zweiten Ein-
      gang von Westen.

6   CIL IV 4753
      Aephebus Successo patri suo salut(em)
      VII 7, 5, im Peristyl, dritte der hinteren Säulen von links.

Arruntius ist mit Tiburtinus hier gewesen.

Publius Comicius Restitutus mit seinem Bruder stand hier.

Glyco mit Martialis; bei glühender Sonne von Durst gequält

GRÜSSE, WÜNSCHE, BESCHIMPFUNGEN

Schenkwirt Vesbinus, sei gegrüßt!

Eulalus, es soll dir und deiner Frau Vera gut gehen!

Glückliche, seid gegrüßt!

Fremder, sei gegrüßt! Heil dir, wer du auch bist! Alles Gute!

Ämilius grüßt seinen Bruder Fortunatus.

Äphebus grüßt seinen Vater Successus.

7   CIL IV 4596
     Actius Cossiniae mamm(a)e suae plurima(m) salut(em)
     VI 15, 1 (Haus der Vettier), mittlere der hinteren Säulen.

8   CIL IV 4118
     Cresce(n)s fullonibus et ululae suae sal(utem)
     V 2, 4, im Peristyl, hintere Säulen, erste von rechts.

9   CIL IV 4118
     ulula est
     V 2, 4, im Peristyl, hintere Säulen, erste von rechts.

10   CIL IV 1241
     Secundus quoservis proficisce(n)s salutem libe(n)s
     VI 2, 16 (Haus des Narcissus), an der rechten Wand des Ein-
     ganges.

11   CIL IV 3905
     *Hirtia Psacas C. Hostilio Conopi, coniugi suo, manuductori
     et clementi monitori, et Diodot(a)e sorori et Fortunato fratri
     et Celeri, suis salutem semper ubique plurima(m); et Primi-
     geniae suae salutem*
     I 2, 7, im Hinterzimmer eines Ladens, an der rechten Wand.

12   CIL IV 8505
     Priscus caelator Campano gemmario fel(iciter)
     II 4, Nordseite, in einer halbkreisförmigen Aedicula nahe der
     NO-Ecke, an der Ostwand.

13   CIL IV 6882
     Lupercalia Marco et Pacato felic(iter)
     Pompeji, Museum.

14   CIL IV 7687
     Ordini feliciter ...
     III 4, 2, rechts oben.

15   CIL IV 4814
     Neroni fel(iciter)
     VII 15, 6, links.

Actius schickt seiner Mutter Cossinia innigsten Gruß.

Crescens wünscht Gedeihen den Tuchwalkern und seiner (statt ihrer) Eule.

Das ist eine Eule.
Nachschrift und Zeichnung von zweiter Hand. Die Eule der Minerva wurde von den Tuchwalkern besonders verehrt.
Secundus ruft bei seiner Abreise seinen Mitsklaven (conservis) ein herzliches Lebewohl zu.

Hirtia Psacas sendet dem Gaius Hostilius Conops, ihrem Gatten und Führer und sanften Mahner, und der Schwester Diodote und dem Bruder Fortunatus und dem Celer, ihren Lieben, immer und überall innigsten Gruß; auch ihrer Primigenia einen Gruß.

Der Ciseleur Priscus wünscht dem Gemmenschneider Campanus Glück.

Die Lupercalien mögen dem Marcus und Pacatus glücklich verlaufen!

Hoch der Stadtrat!
Dipinto.

Es lebe Nero!

39

16 CIL IV 2460

Aug(usto) feliciter

VIII 7 (Großes Theater), Mittelsäule der äußeren Ostwand der Bühne.

17 CIL IV 4496

Auspiciu(m) dextr(um) felic(issimum)

VI 12, 19, auf dem rechten viereckigen Pfeiler der Halle.

18 CIL IV 2059

Ianuarias nobis felices multis annis

VII 14, 8, an der Südwand des Atriums.

19 CIL IV 1454

Hic habitat Felicitas

Neapel, im Museum; vgl. H. Licht, Sittengeschichte Griechenlands, Ergänzungsband (III), Zürich 1928, Seite 64.

20 CIL IV 1262

O felicem me

VI 7, 3, auf der linken vorderen Säule.

21 CIL IV 2320

Felix hic locus est

VII 2, 13, in einem Laden an der linken Wand.

22 CIL IV 8417

Bonus deus hic habitat in domo

I 15, 2 (Schenke des Stabilio).

23 CIL IV 6701

Fur, cave

V 3, 9, am Hauseingang.

24 CIL IV 4278

Fures foras, frugi intro

IV 2, 2, an der Vorderwand des Zimmers hinter dem ersten Atrium.

25 CIL IV 813

Otiosis locus hic non est. Discede, morator

VII 11, 13, rechts.

Heil dem Kaiser!

Ein glückbringendes Vorzeichen von rechts!

Uns allen noch oft ein glückliches Neujahr!

Hier wohnt das Glück.

In einem Mühlenraum.

O ich Glücklicher!

Glücklich ist dieser Ort.
Dem Worte felix wurde eine zauberabwehrende Kraft zugeschrieben.

Ein starker Gott wohnt hier im Haus.

Dieb, hüte dich!

Diebe hinaus, ehrliche Leute herein!

Für Nichtstuer ist hier kein Platz. Scher dich fort, Faulpelz!

Dem Hause eines Kaufmanns gegenüber.

41

26 CIL IV 1662
Verus hic; ubi stat, nihil veri
VII 5, 15, rechts.

27 CIL IV 3107
Bi
Liberius Venustus
VII 3, 29, an der Hinterwand des Atriums.

28 CIL IV 1790
Salvillus
VIII 1, aus der Basilica.

29 CIL IV 1810 (vgl. 9044 b)
Peregrinus
Neapel, im Museum.

30 CIL IV 3443
Rodinus
V 2, 15, im ersten Schlafzimmer auf der rechten Seite des
Peristyls.

31 CIL IV 4765
Aephebe, ardalio es
VII 7, 5, im Peristyl rechts, auf der dritten Säule.

32 CIL IV 4533
C. Hadius Ventrio eques natus Romanus inter beta(m) e
brassica(m)
VI 13, 37, an der linken Wand des Atriums.

33 CIL IV 2416
Miccionis statum co(n)siderate
VIII 7, an der Nordseite des Theater-Korridors, nahe bei der
Via di Stabia.

34 CIL IV 4764
Perari, fur es
VII 7, 5, im Peristyl rechts, auf der dritten Säule.

35 CIL IV 1949
Oppi, emboliari, fur, furuncule
VIII 1, aus der Basilica.

Verus ist hier; wo der steht, ist keine Spur von Wahrheit.

Liberius Venustus wird durch Korrektur der ersten Silbe zum Biberius-Trinker gestempelt.

Daneben ein Pfau.

Darunter ein Kahlkopf mit Adlernase und Lorbeerkranz.

Darunter ein Schwein.

Aphebus, du bist ein Nichtstuer.

Gaius Hadius Ventrio römischer Ritter, geboren zwischen Kraut und Rüben.

Schaut euch das Gestell des Miccio an!

Perarius, du bist ein Dieb.

Oppius, du Possenreißer, du Dieb, du Spitzbub!

36 CIL IV 8322k
Somene nequ(am)
I 10, 4 (Haus des Menander), im Peristyl, dritte Nordsäule von
links.

37 CIL IV 6864
Optume maxime Iupiter, dom(in)us omnipote(n)s. Acratus
servo nequa
IX 5, 11, an der rechten Wand der Küche.

38 CIL IV 4833
Ny(m)p(h)e Crispini anc(il)la necuissima
VII 15, 8, an der Vorderwand des Atriums.

39 CIL IV 1816
Epaphra, glaber es
Neapel, im Museum.

40 CIL IV 4917
Albanus cinaedus est
VIII 2, 36. 37, im Mittelgang, rechts neben dem ersten Zim-
mer.

41 CIL IV 1820
Chie, opto tibi, ut refricent se ficus tuae,
ut peius ustulentur quam ustulatae sunt
Neapel, im Museum

42 CIL IV 1852
Pyrrhus Chio conlegae sal(utem). Moleste fero, quod audivi
te mortuom; itaque val(e)
Neapel, im Museum

43 CIL IV 1813 und p. 704.
Vae tibi
Neapel, im Museum

44 CIL IV 1545
O vobis, Nero Popp(a)ea
VI 14, 43.

45 CIL IV 1864
Samius Cornelio: suspend(e)re
Neapel, im Museum

44

Somene taugt nichts.

Bester größter Jupiter, allmächtiger Herrscher! Acratus ist ein nichtsnutziger Sklave.

Die Braut des Crispinus ist ein ganz nichtswürdiges Frauenzimmer.

Epaphra, du bist ein Milchgesicht.

Albanus ist ein Lüstling.

Chius, ich wünsche dir, daß deine Geschwüre wieder aufbrechen, damit sie noch ärger brennen als sie gebrannt haben.

Pyrrhus grüßt seinen Kollegen Chius. Zu meinem Leidwesen habe ich gehört, daß du gestorben bist. Na, fahr wohl!

Wehe dir!

Weh euch, Nero und Poppäa!

Cornelius, häng dich doch auf! Samius.

46   CIL IV 8422
Minio Carpo, tumiscas
I 15, 5, links.

47   CIL IV 2082
In cruce figaris (figarus für figaris)
VII 1, 8 (Stabianer Thermen), im zweiten Westraum von Süder
an der linken Wand.

48   CIL IV 1839
Agato, Herenni ser(v)us, rogat Venerem …
ut periat, rogo
Neapel, im Museum

49   CIL IV 882
Pilocalus votum sol(vit) libe(n)s merito
Neapel, im Museum.

50   CIL IV 2413 f
Romulus Cerdoni sal(utem). Scias volo me tui curam aegisse
IX 1 (?)

51   CIL IV 7382
C. Masco s(alutem). (Gr)atias ago quam plurimas. Va(le)
I 15, 18, NO-Ecke.

52   CIL IV 1684
Victoriae suae salute(m). Zosimus Victoriae salutem. Rog-
te, ut mihi sucuras etati maeae; si putas me aes non hab(e)-
rae …
VII 2, 44 (Haus des Bären), rechts.

53   CIL IV 8347
Crescens Cryseroti salutem. Quid agit tibi dexter ocellus?
I 10, 4 (Haus des Menander), links vom Kücheneingang.

54   CIL IV 2083
Myrtile, habias propitium Caesare(m)
VII 1, 8 (Stabianer Thermen), im nördlichsten Raum der
Westseite, auf der linken Wand.

55   CIL IV 4788
Fauste, Pollianum reporta exilio
VII 7, 19, rechts.

Minio Carpo, platze!

Ans Kreuz sollst du geschlagen werden!

*Agato, der Sklave des Herennius, bittet die Venus . . . (Von
2. Hand:) daß er zugrunde gehe, bitte i c h.*

Philocalus erfüllt sein Gelübde gern und nach Schuldigkeit.
Dipinto zu einem Votivbild der Isis Panthea.

*Romulus an Cerdo. Du mögest wissen, daß ich um dich Sorge
getragen habe.*

*Dem Gaius Mascus einen Gruß. Ich danke dir herzlich.
Alles Gute!*

*Seiner Victoria einen Gruß. Zosimus an Victoria. Ich bitte
dich, daß du mir in meinen alten Tagen zu Hilfe kommst;
wenn du glaubst, daß ich kein Geld habe . . .*

Crescens an Cryseros. Was macht dein rechtes Äuglein?

Myrtilus, möge dir der Kaiser gnädig sein!

Faustus, bring den Pollianus aus der Verbannung zurück!

47

56   CIL IV 4080
Non sum, non ces(so)
V 1, 23. 26 (Haus des Caecilius Iucundus), im linken Gang vom
Tablinum, an der rechten Wand.

57   CIL IV 1592 und p. 209
Cerialis euge
V 1, 7, im Atrium.

58   CIL IV 4408
Ingenuo(s)us sis
IV 2, 3 (Haus der Gladiatoren), auf dem rechten Pfeiler des
Ganges, zur Porticus hin.

59   CIL IV 5399
Acti, dominus scaenicorum, va(le)
Viertes Grab vor der Porta di Nocera, an der Stirnseite.

60   CIL IV 5395
Acti, amor populi, cito redi. Va(le)
Viertes Grab vor der Porta di Nocera, an der Stirnseite.

61   CIL IV 8350
Duxi chorum
I 10, 4 (Haus des Menander), neben dem Kücheneingang.

62   CIL IV 2018 c (vgl. 8434)
Mendax veraci ubique salute(m)
VII 11, 11, an der Westseite des Atriums.

63   CIL IV 2409 a
Stronnius nil scit
IX 1, 26, an der linken Wand des Atriums.

64   CIL IV 5280
Fausta, ploras
IX 6, 12, an der Südwand des Gartens.

65   CIL IV 1854
Cal(l)iste, devora
Neapel, im Museum, Tafel 18.

66   CIL IV 3061
Virum vendere nolo meom
VII 2, 46, im Atrium, im ersten Raum links, an der Nordwand.

Ich bin's nicht, ich geb' nicht nach.

Cerialis, bravo!

Sei edel!

Actius, Herr der Schauspieler, sei gegrüßt!

> *Actius gab in Pompeii Gastspiele.*

Actius, Liebling des Volkes, komm doch bald wieder! Lebe-
wohl!

Ich habe den Chor geführt.

Der Lügner grüßt überall den Wahrheitsfreund.

Stronnius weiß nichts.

Fausta, du weinst.

Callistus, friß es!

Ich will meinen Mann nicht verkaufen.

> *Im Zimmer eines Hauses.*

67   CIL IV 9127
     Scripsit calamus cum atramentario
     IX 17, 5 (Haus des Fabius Ululitremulus), neben dem Eingang

68   CIL IV 2461
     Admiror, paries, te non cecidisse ruinis,
        qui tot scriptorum taedia sustineas
     Neapel, im Museum, Tafel 22.

F

1   CIL IV 1883
     Nemo est bellus nisi qui amavit mulierem adules(centulus)
     Neapel, im Museum, Tafel 22.

2   CIL IV 4504
     Va(le), Modesta, va(le), valeas ubicumque es
     VI 13, 19, im Raum hinter dem linken Flügel.

3   CIL IV 4007
     Tu pupa, sic valeas, sic habeas Venere(m) Pompeianam pro-
     pytia(m)
     I 3, 30, im Peristyl, an der mittleren Säule der hinteren Reihe.

4   CIL IV 1477
     Victoria, va(le), et ubique es, suaviter sternutes
     VI 12, 2 (Haus des Faun), in der nördlichen Porticus, dritte
     Säule der vorderen Reihe.

5   CIL IV 8177
     Dulcissimae amantissimaeque ave salutem ave
     I 7, 19 (Haus des Cornelius Tages), rechts.

6   CIL IV 5094
     Primigenius Successae salute(m). Val(e), mea piscilla
     IX 3, 11, an der Vorderwand des Peristyls.

7   CIL IV 4447
     Fonticulus pisciculo suo plur(i)ma(m) salut(em)
     VI 13, 2, an der linken Wand des Peristyls, rechts neben der
     vierten Tür.

Das schrieb die Feder mit dem Tintenfaß.

Unter verschiedenen Kritzeleien.

Ich wundere mich, Mauer, daß du noch nicht in Trümmer gefallen bist, da du das fade Zeug so vieler Schreiber tragen mußt.

L   I   E   B   E

Wer niemals jung ein Weib geliebt, der ist kein braver Mann.

Leb wohl, Modesta, leb wohl; es soll dir überall gut gehen!

Mädelchen du, gut soll's dir gehen, hold soll dir die pompeianische Venus sein!

Victoria, sei gegrüßt, und wo du bist, niese glücklich!

Seiner Süßesten und Liebsten einen Gruß! Sei gegrüßt, sei gegrüßt!

Primigenius grüßt seine Successa. Leb wohl, mein Fischlein!

Quellchen seinem Fischchen innigsten Gruß!

8   CIL IV 2413h
    Cestilia, regina Pompeianoru(m), anima dulcis, va(le)
    IX 1 (?)

9   CIL IV 1625
    Venus es
    VII 6, 29, an der rechten Wand eines Ladens.

10 CIL IV 1970
    Noëte, lumen, va(le) va(le) usque va(le)
    VII 9, Gebäude der Eumachia, in der nördlichen Porticus,
    zwischen dem vierten und fünften Fenster von Osten.

11 CIL IV 1780
    Quid faciam vobis, ocilli lusci?
    VIII 1, Basilica, an der Nordwand der Osthalle.

12 CIL IV 8381
    Γελαστή, χαῖρε
    I 10, 8, rechts vom Fenster.

13 CIL IV 4189
    Ἐμνήσθη Θεόφιλος Βερόης ἐπ᾽ ἀγαθῷ παρὰ τῇ Κυρίᾳ
    V2, (Haus der Silbernen Hochzeit), Nordseite des Häuser-
    blocks, Peristyl, an der zweiten Säule der rechten Reihe.

14 CIL IV 2457
    Methe, Cominiae s(erva), Atellana amat Chrestum. Corde
    sit utreisque Venus Pompeiana propitia et semper concordes
    veivant
    VIII 7, Theater-Korridor, an der Südseite, zum Westen hin.

15 CIL IV 4477
    Daphnicus cum Felicula sua hac. — Bene Felicul(a)e, bene
    Daphnico, utreisque bene eveniat (utriusque für utreisque)
    VI 13, 19, links.

16 CIL IV 7086
    Marcus Spe(n)dusa(m) amat
    V 5, Südseite, sechster Eingang von Westen.

17 CIL IV 4637
    Cornelia Helena amatur a Rufo
    VI 15, 6, in dem Raum unter der Treppe, an der Wand des
    Einganges.

Cestilia, Königin der Pompeianer, süßes Seelchen, sei gegrüßt!

Du bist eine Venus!

Noëte, du mein Lebenslicht, lebwohl, lebwohl, leb immer, immer wohl!

Was soll ich mit euch anfangen, blinzelnde Äuglein?

Närrin, einen Gruß!

Theophilos hat bei der Herrin (Isis) seiner Beroe gedacht und wünscht ihr Glück.

Die Schauspielerin Methe, Sklavin der Cominia, liebt den Chrestus. Möge beiden die pompeianische Venus von Herzen gewogen sein und mögen sie immer in Eintracht leben!

Daphnicus ist mit seiner Felicula hier gewesen. (Von 2. Hand:) Gut gehe es der Felicula, gut dem Daphnicus, beiden möge es gut gehen!

Marcus liebt die Spendusa.

Cornelia Helena wird von Rufus geliebt.

18   CIL IV 5358
      Secundus cum Primigenia conveniunt
      IX 14, Westseite, zwischen dem zweiten und dritten Eingang
      von Norden.

19   CIL IV 8364
      Secundus Prima(e) suae ubique . . . salutem. Rogo, domina
      ut me ames
      I 10, 7.

20   CIL IV 8270
      Prima Secu(n)do salute(m) plurima(m)
      I 10, 3, am oberen Rand der dritten Fläche.

21   CIL IV 6865
      Rogo, dom(i)na, per Venerem te rogo . . . habeto mei me-
      moriam
      IX 5, 11, im dritten Raum rechts im Peristyl.

22   CIL IV 2414
      Propero. Vale, mea Sava, fac me ames
      VIII 7, Theater-Korridor, nahe der Via di Stabia.

23   CIL IV 4485
      Hectice pupe, vale Mercator tibi dicit
      VI 13, 19 links.

24   CIL IV 5419
      Amabiliter sal(utem)
      Sechstes Grab vor der Porta di Nocera, rechts von der Tür,
      dicht über der Erde.

25   CIL IV 5032
      Seiano amantissimo
      IX 2, 26, in der Porticus vor dem Garten, auf dem zweiten
      Pfeiler von rechts.

26   CIL IV 5031
      Accepi epistulum tuam
      IX 2, 26, in der Porticus vor dem Garten, auf dem zweiten
      Pfeiler von rechts.

27   CIL IV 2060
      Romula hic cum Staphylo moratur
      VII 14, 8, auf der NW-Säule im Atrium.

Secundus kommt mit Primigenia zusammen.

Secundus grüßt überall seine Prima. Ich bitte dich, Herrin, sei lieb zu mir!

Prima dem Secundus innigsten Gruß!

Ich bitte dich, Herrin, ich bitte dich bei der Venus . . ., behalt mich im Andenken!

Ich muß eilends fort. Lebwohl, meine Sava, hab mich doch lieb!

Hectice, Mädelchen, Mercator sagt dir Lebwohl.

In Liebe einen Gruß!

Gruß ihrem allerliebsten Seianus!

Ich habe deinen Brief erhalten.

Hier hält sich Romula in Gesellschaft des Staphylus auf.

28   CIL IV 1650

C. Iulius Primigenius hic. Tu quid moraris?

VII 7, 23, im Atrium im zweiten Zimmer links, an der Ostwand.

29   CIL IV 7679

Marcellus Praenestinam amat et non curatur

III 1, 1, rechts.

30   CIL IV 1881

Virgula Tertio suo. Indecens es

Neapel, im Museum, Tafel 22.

31   CIL IV 3042

Crudelis Lalage

VI 16, 38, im zweiten linken Zimmer des Peristyls, an der linken Wand.

32   CIL IV 8137

Dulcis amor, perias ita, Taine, bene amo, dulcissima mea

I 7, 2 (Haus des Fabius Amandio), im Inneren.

33   CIL IV 3117

Serena Isidoru(m) fastidit

VII 2, 17, im Atrium, im ersten linken Zimmer.

34   CIL IV 8870

A(n)ser, abi Amonae loco

III 1, 3, an der Westwand des Gartens.

35   CIL IV 8824

Valens, domina essem! Salutem rogamus

IX 19, 1 (Haus des A. Trebius Valens), Nordwand des Atriums.

36   CIL IV 8408

Amantes ut apes vita(m) mellita(m) exigunt. — Velle(m)

I 10, 11, rechts neben der Tür des dritten Schlafzimmers.

37   CIL IV 346

Alter amat, alter amatur; ego fastidi(o). — Qui fastidit, amat

Von der Via della Fortuna.

Gaius Julius Primigenius ist hier gewesen. Was zögerst du?

Marcellus liebt die Pränestinerin, wird aber von ihr nicht erhört.

Virgula ihrem Tertius: du bist unanständig.

Grausame Lalage!

Süße Liebe, so wahr dir dein Leben lieb ist, Taine, so sehr lieb ich dich, meine Süßeste.

Serena kann den Isidorus nicht leiden.

Anser („Gans"), geh weg vom Platz der Amona!

Ach Valens, könnte ich hier nur die Frau sein! Wir wünschen dir alles Gute.

Die Liebenden verbringen wie die Bienen honigsüß ihr Leben. (Von 2. Hand:) Ich möchte es wohl.

Der eine liebt, der andere wird geliebt; i c h pfeife darauf. (Von 2. Hand:) Wer darauf pfeift, der liebt.

38 CIL IV 1405

Pusina, multi te amant, te unice Citus amavit

VI 13, 21, links.

39 CIL IV 1951

Sarra, non belle facis, solum me relinquis

VIII 1, aus der Basilica.

40 CIL IV 4498

Thyas, noli amare Fortunatu(m)

VI 13, 19, an der linken Wand des rechten Flügels.

41 CIL IV 8259 und 8258

Successus textor amat Coponiae s(ervam), ancillam nomin.
Hiredem, quae quidem illum non curat, sed ille rogat illa(m)
com(m)iseretur. Scribit rivalis. Vale. — Invidiose, quie
rumperis, sectari noli formonsiorem et qui est homo pra-
vessimus et bellus. — Dixi, scripsi. Amas Hiredem, qui t.
non curat

I 10, 3, auf dem Pfeiler rechts neben der Tür.

42 CIL IV 1593

(L)ivia Alexandro salute(m).
Si vales, non mu(l)tu(m) curo, s(i perieris gau)deo
Aus der Via di Nola.

43 CIL IV 8384

$KONTEMN\,\overline{W}\ \varDelta HPEI\varDelta I\,\overline{W}\ \varLambda A\,\overline{W}TNA(m)\ TOYA(m)$
$CA\varLambda BI\varLambda\varLambda A(m)$

I 10, 8, im Inneren.

44 CIL IV 1665

Restituta cum Secundo, dom(i)no suo

VII 5, 15, rechts.

45 CIL IV 2013

Niycherate, vana succula, qu(a)e amas Felicione(m) et a.
porta(m) deduces, illuc tantu(m) in mente (h)abeto . . .
VII 11, 11, an der linken Wand des Einganges.

Pusina, viele lieben dich; ganz einzig aber hat dich Citus geliebt.

Sarra, du tust nicht gut daran, mich allein zu lassen.

Thyas, lieb den Fortunatus nicht!

Der Weber Successus liebt die Sklavin der Schenkwirtin, die Magd namens Iris, die sich freilich nicht um ihn schert; aber er bittet sie, sie möge mit ihm Mitleid haben. Das schreibt ein Rivale. Gehab dich wohl! (Von 2. Hand:) Du Neidhammel, du platzt ja vor Wut! Höre doch auf, einen zu verfolgen, der mehr vorstellt als du und der ein Teufelskerl ist und schön! (Von 1. Hand:) Ich habe es behauptet, ich habe es hingeschrieben. Du liebst die Iris, die von dir nichts wissen will.

Livia an Alexander. An deinem Wohlergehen liegt mir nicht viel, wenn du zugrunde gehst, freue ich mich.

Ergänzung nach Zangemeister.

Ich verachte, ich verspotte deine Latona (Diana), die Salvilla.

Restituta hält es mit Secundus, ihrem Herrn.

Nicerate, du eitles Ferkel, die du in den Felicio verliebt bist und an deine Tür lockst, bedenke doch nur das eine — —

Verstümmelt; gefunden in einer verrufenen Stadtgegend.

46 CIL IV 3928
Serenae sodales sal(utem)
I 2, 19.

47 CIL IV 8966
Nucerinus homo bellus, Nucerinus Nuch(erinus)
IX 9, 1–3 (Haus des Obellius Firmus), an der Westseite der
Wandelhalle, nahe der NW-Ecke.

48 CIL IV 8356
Nucerea quaeres ad porta(m) Romana(m) in vico Veneri
Novelliam Primigeniam
I 10, 4 (Haus des Menander), im zweiten Atrium, Nr. 16.

49 CIL IV 5203
Logas verna aeris VIII
IX 13, Südseite, zwischen dem ersten und zweiten Eingang vo
Westen.

50 CIL IV 4024
Menander bellis moribus aeris ass(ibus) II
V 1, 15, rechts.

51 CIL IV 2222 und die folgenden
Asbestus hic; Florus; Felix cum Fortunata; Hyginus cu
Messio hic; XVII. K(alendas) Iul(ias) Hermeros cu
Philetero et Caphiso hic futuerunt; Phoebus Sabinus Procl
salutem
VII 12, 18.

52 CIL IV 4976
Sodoma Gomora
IX 1, 26, in dem Triclinium rechts vom Atrium, an der linke
Wand.

53 CIL IV 1928
Scribenti mi dictat Amor mo(n)stratque Cupido:
  a peream, sine te si deus esse velim
Neapel, im Museum, Tafel 29.

Ihrer Serena schicken die Genossen einen Gruß.

> *Öfter mit Kohle an die Hauswand geschrieben.*

Der Nuceriner ist ein schöner Mann, der Nuceriner, der Nuceriner.

In Nuceria kannst du beim Römertor in der Venusgasse nach der Novellia Primigenia fragen.

Die Sklavin Logas, 8 As.

Menander, von nettem Wesen, 2 As.

Anwesenheitsnotizen im Lupanar in der Lupanargasse.

Diese an der Wand eines Tricliniums in großen Buchstaben eingeritzten Worte müssen von einem Christen oder Juden stammen.

Beim Schreiben diktiert mir Amor, und Cupido führt mir die Hand: O, lieber sterben als ohne dich selbst ein Gott zu sein!

54   CIL IV 1649
      Alliget hic auras, si quis obiurgat amantes,
          et vetet assiduas currere fontis aquas
      VII 6, 35, links.

55   CIL IV 1898
      Quisquis amat, calidis non debet fontibus uti;
          nam nemo flammas ustus amare potest
      Neapel, im Museum, Tafel 22.

56   CIL IV 9171
      Sic tibi contingat semper florere, Sabina,
          contingat forma sisque puella diu
      Vor der Porta Vesuvio, Grab der Septumia.

57   CIL IV 6842
      Si quis non vidit Venerem, quam pinxit Apelles,
          pupa mea aspiciat: talis et illa nitet
      Vgl. Mau, Röm. Mitt. 1908, S. 263; Schreibweise nach dem Gehör
      beim metrischen Vortrag
      VI 16, 15, an der Vorderwand des Atriums, links.

58   CIL IV 4971
      Sei quid amor valeat nostei, sei te hominem scis,
          commiseresce mei, da veniam, ut veniam.
      Flos Veneris . . .
      VIII 7, kleines Theater, an der westlichen Außenwand.

59   CIL IV 1645
      Si quis forte meam cupiet violare puellam,
          illum in desertis montibus urat amor
      VII 6, 35, links.

60   CIL IV 5251
      Restitutus multas decepit s(a)epe puellas
      IX 6, 11, in einem Triclinium im Garten, rechts.

      62

Wenn einer Liebende darum schelten möchte, könnte er ebensogut die Lüfte binden und dem immerfließenden Quell den Lauf verbieten wollen.

Wer liebt, soll keine heißen Bäder nehmen; denn keiner, der von der Liebe gebrannt ist, kann noch Heißes leiden.

Immer sollst du blühen, Sabina, Schönheit sei dein Teil und lang bleibe dir der mädchenhafte Reiz!

Wenn einer die Venus nicht gesehen, die Apelles gemalt, so sehe er mein Mägdlein an: es ist so schön wie jene!

Wenn du weißt, was Liebe heißt, wenn du ein menschliches Fühlen kennst, erbarme dich meiner und gib mir die Erlaubnis, daß ich zu dir komme! Blume der Venus . . .

Wenn einer etwa mein Mädchen kränken will, den verzehre im einsamen Gebirge die Liebe!

Restitutus hat viele Mädchen betrogen.

61   CIL IV 1837

Si potes et non vis, . . . cur gaudia differs
   spemque foves et cras usque redire iubes?
Ergo coge mori, quem sine te vivere cogis:
   munus erit certe non cruciasse boni.
Quod spes eripuit, spes certe reddit amanti
Neapel, im Museum, Tafel 12.

62   CIL IV 1837

Qui hoc leget, nuncquam posteac aliud legat
Neapel, im Museum, Tafel 12.

63   CIL IV 1837

Nunquam sit salvos, qui supra scripsit
Neapel, im Museum, Tafel 12.

64   CIL IV 1837

Vere dicis
Neapel, im Museum, Tafel 12.

65   CIL IV 5092

Amoris ignes si sentires, mulio,
magi properares, ut videres Venerem. . . .
Bibisti; iamus! Prende lora et excute,
Pompeios defer, ubi dulcis est amor meus
IX 3, 11, an der Vorderwand des Peristyls, zwischen Gang und
Tablinum.

66   CIL IV 9123

Nihil durare potest tempore perpetuo.
Cum bene Sol nituit, redditur Oceano.
Decrescit Phoebe, quae modo plena fuit.
Venerum feritas saepe fit aura levis
IX 17, 4.

*Wenn du kannst und nicht willst, ... warum verschiebst du
die Freuden? Warum nährst du meine Hoffnung und heißest
mich immer wieder morgen zu kommen? So zwinge mich
denn zu sterben, den du zwingst ohne dich zu leben: der
Lohn der guten Tat wird sicherlich sein mich nicht gequält
zu haben. Was die Hoffnung entrissen hat, bringt dem Liebenden die Hoffnung auch wieder zurück.*

Text nicht ganz sicher.

 *Von 2. Hand: Wer dies liest, lese nie nachher etwas an-
deres!*

 *Von 3. Hand: Nie gehe es dem gut, der das oben geschrie-
ben hat!*

 Von 4. Hand: Sehr richtig!

*Wenn du das Feuer der Liebe fühltest, Maultiertreiber, so
würdest du mehr eilen, um den Gegenstand deiner Liebe zu
sehen. ... Jetzt hast du getrunken; so laß uns aufbrechen!
Nimm die Zügel und peitsche drauf los, bring mich rasch
nach Pompeii, wo meine süße Liebe ist!*

Einer Wand anvertraute Erinnerung an eine Maultierfahrt.

*Nichts kann ewig dauern. Wenn die Sonne hell geschienen,
taucht sie im Ozean unter. Es nimmt ab der Mond, der eben
noch voll gewesen. Der Trotz der Schönen wird oft zu einem
leisen Säuseln.*

67   CIL IV 4091

Quisquis amat valeat, pereat qui nescit amare,
   bis tanto pereat, quisquis amare vetat

V 1, 23. 26 (Haus des Caecilius Iucundus), an der rechten
Wand der Exedra, links vom Peristyl.

68   CIL IV 4659

Quisquis amat, pereat

VI 15, 9, rechts im Eingang.

69   CIL IV 3691

Non ego tam curo Venerem de marmore factam

IX 5, 11, an der linken Wand des linken Flügels.

70   CIL IV 1824

Quisquis amat, veniat. Veneri volo frangere costas
   fustibus et lumbos debilitare deae.
Si potest illa mihi tenerum pertundere pectus,
quit ego non possim caput illae frangere fuste?

Neapel, im Museum, Tafel 5.

71   CIL IV 6892

Quisquis amat nigra(m), nigris carbonibus ardet

Pompeji, im Museum.

72   CIL IV 1520

Candida me docuit nigras odisse puellas.
Odero, si potero; si non, invitus amabo

Neapel, im Museum.

73   CIL IV 1894

Ianitor ad dantis vigilet; si pulsat inanis,
   surdus in obductam somniet usque seram

Neapel, im Museum, Tafel 22.

Wer liebt, der lebe hoch! Nieder mit dem, der nicht zu lieben versteht! Zweimal nieder mit dem, der die Liebe verbietet!

Fluch jedem, der liebt!

Was hilft mir eine Venus, wenn sie aus Marmor ist?
Unsicher in der Lesung.

Wer da liebt, komme hieher! Ich will der Venus die Rippen mit Prügeln brechen und der Göttin die Lenden lahm schlagen. Wenn sie mir das zarte Herz durchbohren kann, was sollte ich ihr nicht mit dem Prügel den Schädel zertrümmern können?

Wer ein schwarzes Mädchen liebt, der brennt wie von schwarzen Kohlen.

Das weiße Mädchen hat mich geheißen, die schwarzen Frauen zu hassen. Ich werde sie hassen, wenn ich es fertigbringe; wenn nicht, so werde ich sie lieben — gegen meinen Willen.
In Anlehnung an Ovid und Properz.

Der Türhüter soll wach sein für die, die etwas geben; pocht einer mit leeren Händen, so stelle er sich taub, ohne den Riegel zurückzuschieben!
Properz 5, 5, 47 f.

5*

74   CIL IV 1893

Surda sit oranti tua ianua, laxa ferenti;
  audiat exclusi verba receptus amans

Neapel, im Museum, Tafel 22.

75   CIL IV 4491

Nunc est ira recens, nunc est discedere tempus.
  Si dolor afuerit, crede, redibit amor

VI 13, 19, nahe beim Eingang.

G

1   CIL IV 806

Sittius restituit elep(h)antu(m)

VII 1, 44.

2   CIL IV 1291

Da fri(gi)dam pusillum

VI 10, 1, an der Nordwand.

3   CIL IV 1292

Adde calicem Setinum

VI 10, 1, an der Südwand.

4   CIL IV 8491

XVII. K(alendas) Feb(ruarias) Eupor, omn(es) XX;
XI. K. Febr. Eupor, omnes XX

II 2, 3, im Weinlokal des Athictus, links.

5   CIL IV 8492

Avete, utres sumus . . .

II 2, 3, im Weinlokal des Athictus, links.

Taub für den Bittenden bleibe deine Tür, nachgiebig dem, der etwas bringt; der aufgenommene Liebhaber höre die Worte des Ausgeschlossenen!

Ovid amores 1, 8, 77 f.

Jetzt ist der Zorn noch frisch, jetzt ist es Zeit auseinanderzugehen. Wenn der Schmerz vergangen, glaube mir, kehrt die Liebe wieder.

Properz 2, 5, 9 f.

TRINKEN, ESSEN, SPIEL

Sittius hat den Elefanten renoviert.

Beischrift zu einem gemalten Elefanten als Wirtshausschild.

Gieß kaltes Wasser hinzu, ein bißchen!

Beischrift zu einer gemalten Wirtshausszene, auf der ein Gast sich vom Wirte einschenken läßt.

Noch einen Becher Setiner!

Beischrift zu einem ähnlichen Bild.

Am 16. Januar unter dem Vorsitz des Eupor alle 20 dagewesen; am 22. Januar unter dem Vorsitz des Eupor alle 20 dagewesen.

Schönsten Gruß! Wir sind voll wie Schläuche . . .

6   CIL IV 8162

Hic fuimus cari duo nos sine fine sodales . . .

I 7, 8, links.

7   CIL IV 8227

Coelius cum Rufio et Eburiolo et Fausto fratrabiliter. Eburiolus Marinae et Valeria(e salutem). Eburiolus Fausto amico et Coelio. Faustiani

I 8, an der NW-Ecke des Häuserblocks.

8   CIL IV 1604

Qu(a)eres Fallacem et Fabium in decuria Cotini

IV 1, 1 (?)

9   CIL IV 1819

Suavis vinaria sitit, rogo vos, et valde sitit. — Calpurni(a tibi dicit val(e)

Neapel, im Museum, Tafel 5.

10   CIL IV 1831

Si quisquis bibit, cetera turba est

Neapel, im Museum, Tafel 10.

11   CIL IV 1698 und p. 463

Gemma velim fieri — hora non(a)

VII 12, 14, rechts.

12   CIL IV 1679

Edone dicit:
Assibus hic bibitur;
dipundium si dederis, meliora bibes;
quattus si dederis, vina Falerna bib(es)

VII 2, 44 (Haus des Bären), an der Südwand des Atriums.

13   CIL IV 3948

Talia te fallant utinam me(n)dacia, copo:
* tu ve(n)des acuam et bibes ipse merum*

I 2, 24, im Peristyl (?).

Hier waren wir uns lieb, wir zwei, für alle Zeit Kameraden ..
                                    Am Eingang zu einer Bar.

*Cölius mit Rufius und Eburiolus und Faustus in brüderlicher
Gemeinschaft. Eburiolus schickt der Marina und Valeria
einen Gruß. Eburiolus grüßt seinen Freund Faustus und Cölius. Die Faustianer.*
                    In der Nähe derselben Bar mit Rötel geschrieben.

*Den Fallax und Fabius mußt du in der Zechgesellschaft des
Cotinus suchen.*

*Suavis dürstet nach den Weinkrügen, ich bitt' euch, und
zwar dürstet ihn mächtig. — (Von 2. Hand:) Calpurnia
sagt dir Lebwohl.*

Wenn einer beim Trinken sitzt, ist ihm alles andere gleich.

*Ein Edelsteingeschirr möchte ich werden — in der 9. Tages-
stunde.*
Dinerstunde der Römer um 3 Uhr nachmittags; Erklärung nach Wick.
*Hedone gibt bekannt:
Für 1 As trinkt man hier;
wenn du 2 As bezahlst, kannst du besseren Wein trinken;
wenn du 4 bezahlst, trinkst du Falernerwein.*

*Wenn dich doch solche Schwindeleien zu Fall brächten,
Schenkwirt! Du verkaufst uns Wasser und selbst trinkst du
unverdünnten Wein.*

14 CIL IV 3779
Hospitium C. Hygini Firmi
IX 6, Westseite, an der linken Seite des zweiten Einganges von Norden.

15 CIL IV 2159
Lucceius Albanus Abellinas
VII 12, 35, im rechten Schlafzimmer der Ostwand des Atriums, rechts.

16 CIL IV 2145
C. Valerius Venustusm (iles) c(o)h(ortis) I pr(aetorianae) Rufi
VII 12, 35, im ersten Schlafzimmer der Nordwand des Atriums, links.

17 CIL IV 2156
Lucifer et Primigenius hac
VII 12, 35, im linken Schlafzimmer der Ostwand des Atriums, rechts.

18 CIL IV 2155
C. Cominius Pyrrichus et L. Novius Priscus et L. Campius Primigenius ... hic fuerunt cum Martiale sodale. Actiani Anicetiani sinceri. Salvio sodali feliciter
VII 12, 35, im zweiten Schlafzimmer der Nordwand des Atriums, rechts.

19 CIL IV 2152
Coloniae Claud(iae) Nerone(n)si Putiolan(a)e feliciter. Scripsit C. Iulius Speratus
VII 12, 35, im zweiten Schlafzimmer der Nordwand des Atriums, links.

20 CIL IV 4957
Miximus in lecto; fateor, peccavimus, hospes.
    Si dices: ,,quare?", nulla matella fuit
VIII 6, 6, links.

21 CIL IV 7698
Abluat unda pedes puer et detergeat udos,
    mappa torum velet, lintea nostra cave.
III 1, 3, im Triclinium an der SW-Ecke des Gartens.

72

Gasthaus des Gaius Hyginius Firmus.

Gemaltes Firmenschild.

Lucceius Albanus aus Abellinum.
An der Wand eines Schlafzimmers in einem Gasthaus; auch die folgenden 4 Graffiti stellen Namen und Bemerkungen dort einquartier-
ter Gäste dar.
*Gaius Valerius Venustus, Soldat der 1. Prätorianerkohorte
aus der Centurie des Rufus.*

Lucifer und Primigenius hier gewesen.

*Gaius Cominius Pyrrichus und Lucius Novius Priscus und
Lucius Campius Primigenius . . . sind hier gewesen mit dem
Zunftgenossen Martialis. Aufrichtige Anhänger des Actius
Anicetus. Dem Zunftgenossen Salvius Heil!*
Schauspielertruppe.

*Heil der claudisch-neronischen Stadt Puteoli! Geschrieben
hat es Gaius Julius Speratus.*

*Wir haben das Bett verunreinigt; ich gebe zu, wir haben
nicht recht getan, Wirt. Doch wenn du fragst, warum? Es
war kein Nachttopf zur Hand.*
An der Hauswand in der Nähe eines anderen „Hotels" gefunden.
*Wasser netze die Füße und der Sklave möge sie trocken
reiben, deine Serviette bedecke das Polster, unsere Tücher
schone!*

73

22 CIL IV 7698

Lascivos voltus et blandos aufer ocellos
  coniuge ab alterius, sit tibi in ore pudor.

III 1, 3, im Triclinium an der SW-Ecke des Gartens.

23 CIL IV 7698

Utere blandi)tiis odiosaque iurgia differ,
  si potes, aut gressus ad tua tecta refer

III 1, 3, im Triclinium an der SW-Ecke des Gartens.

24 CIL IV 1937

Quisque me ad cenam vocarit, v(aleat)

Neapel, im Museum, Tafel 30.

25 CIL IV 1880

L. Istacidi,
at quem non ceno, barbarus ille mihi est

Neapel, im Museum, Tafel 22.

26 CIL IV 4456

Semper M. Terentius Eudoxsus unus supstenet amicos:
  et tenet et tutat, supstenet omne(m) modu(m)

VI 13, 6, im Schlafzimmer an der linken Seite des Peristyls, an
der Südwand; vgl. die Abbildung, unten, S. 100.

27 CIL IV 1896

Ubi perna cocta est, si convivae apponitur,
non gustat pernam, lingit ollam aut caccabum

Neapel, im Museum, Tafel 22.

28 CIL IV 2005 a

Saturnina, io Saturnalia

VII 10, 9, an der rechten Wand eines Ladens.

29 CIL IV 1936

Amianthus, Epaphra, Tertius ludant, Iucundus Nolanus
petat, numeret Citus et Stacus

Neapel, im Museum, Tafel 30.

74

*Lüsterne Mienen und begehrliche Blicke wende ab von des
anderen Weib, Ehrbarkeit sei dir im Antlitz!*

*Sei freundlich und meide häßlichen Zank, wenn du kannst,
oder lenke die Schritte in dein Haus zurück!*

Wer mich zu Tisch lädt, dem möge es gut gehen!

*Lucius Istacidius, der, bei dem ich nicht zum Essen geladen
werde, ist mir ein Barbar.*

*Marcus Terentius Eudoxus ist der einzige, der seine Freunde
stets unterstützt: er hält sie bei sich, er schützt sie und unterstützt sie auf jede Weise.*

*Wenn man sich ein Schinkenbein gekocht hat und es dann
einem Gast vorsetzen muß, so bekommt man nichts vom
Schinkenbein, sondern kann den Kochtopf und das Geschirr
auslecken.*
Saturnina, hurrah, Saturnalien!
Das volkstümlichste Fest, bei dem die Sklaven von ihrem Herrn be-
wirtet und bedient wurden.

*Amianthus, Epaphra und Tertius sollen spielen, Jucundus
Nolanus soll die Bälle holen, Citus und Stacus sollen die
Gänge zählen!*

Gefunden in der Basilika.

75

30 CIL IV 1926
Epaphra pilicrepus non est
Neapel, im Museum, Tafel 29.

31 CIL IV 2119
Vici Nuceriae in alia ✶ DCCCLVS fide bona
VII 1, 8 (Stabianer Thermen), drei Meter vom Eingang VII 1,
48 entfernt.

32 CIL IV 3494 i
Itis, foras rixsatis
VI 14, 36, links.

H

1 CIL IV 9311 c und 9222
ABCDEFGHIKLMNOPQRSTUX Rodanus (Rianus?)
In der Villa Iuliana

2 CIL IV 5499
AXBUCTDSERFQGPHOINKML
IX 6, 3. 6 (Haus des Hundertjährigen), Ecksäule vorn rechts.

3 CIL IV 2541
ЯƎSꓷꓕƆ∀ꓭX∀
VII 1, 8 (Stabianer Thermen), Nordwand der Porticus, rechts
neben dem Nordeingang.

4 CIL IV 2331
Labyrinthus. Hic habitat Minotaurus
IX 3, 5 (Haus des M. Lucretius), NO-Pfeiler des Peristyls; vgl.
die Abbildung, oben, Titelblatt.

Epaphra ist kein Ballspieler.

Ebendort.

Ich habe in Nuceria beim Würfelspiel 855$^1/_2$ Denare ge-
wonnen, mit gutem Gewissen.

Ihr geht hinaus und streitet draußen weiter!
Beischrift zu einem Bild, auf dem der Wirt zwei beim Würfelspiel
in Streit geratene Gäste zur Türe hinausschiebt.

S C H U L W E I S H E I T

Lateinische Alphabete, von Schuljungen vollständig oder nur
in einzelnen Buchstaben, in richtiger, fehlerhafter und um-
gekehrter Reihenfolge eingekratzt, finden sich oft an den un-
teren Teilen der Wände; hier mit Namenszusatz des Schrei-
bers.

Mit einer besonderen Übung in der Elementarschule zusam-
menhängende Reihenfolge der Buchstaben.

Auf den Kopf gestellte Buchstaben.

Labyrinth. Hier wohnt der Minotaurus.
Beischrift zu einer von Kinderhand gefertigten Skizze.

5   CIL IV 8849   CIL IV 1654   CIL IV 1538   CIL IV 4855
Cum quidam pau(per)
III 4, 2 (Haus des Pinarus Cerialis), links.
Quidam quom legeret
Aus dem Vico dei Soprastanti.
Quidam cum peteret alas
Aus dem Vico degli Scienziati.
Domus comunibus cum quidam
VIII 15, 12, rechte Wand des Andron.

6   CIL IV 1895
Quid pote tam durum saxso aut quid mollius unda?
  Dura tamen molli saxsa cavantur aqua.
Neapel, im Museum, Tafel 22.

7   CIL IV 1324 und p. 457
Omnia votu valent
Von der Strada di Mercurio.

8   CIL IV 4832 und 8831
Arma virumque cano Troiae qui primus ab oris
VII 15, 8, Vorderwand des Atriums;
IX 19, 1 (Haus des A. Trebius Valens), Nordwand des Peristyls

9   CIL IV 9131
Fullones ululamque cano, non arma virumque
IX 17,5 (Haus des Fabius Ululitremulus), auf dem Pfeiler link
vom Eingang.

10   CIL IV 3889 (vgl. 8222. 8247).
Conticuere omnes intentique
I 2, 6, auf der Vorderwand des Atriums, rechts.

11   CIL IV 4409 (vgl. 8798)
Quos ego
IV 2, 3, auf dem rechten Pfeiler des Ganges, zur Porticus hin.

78

Lesefrüchte aus lateinischen Dichtern; Anfänge äsopischer Fabeln.

Was ist so hart wie Fels oder was weicher als Wasser? Und doch werden die harten Felsen vom weichen Wasser ausgehöhlt.

Ovid ars amandi 1, 475 f.

Alle Gelübde gelten.

Ovid amores 1, 4. 67.

Die Waffentaten des Mannes hebe ich an zu verkünden, der zuerst von Trojas Gefilden...

Anfangsworte von Vergils Äneis, öfter vorkommend.

Von den Tuchwalkern und ihrem Käuzchen singe ich, nicht von den Waffentaten des Mannes.

Spottvers, wahrscheinlich gefertigt von einem des Auswendiglernens von Vergilversen überdrüssigen Schüler; vgl. dazu S. 39, 9.

Sie verstummten alle und gespannt...

Verg. Än. 2, 1.

Wart, ich werd' euch!

Verg. Än. 1, 135.

79

12   CIL IV 1841
     Quisquis es, amissos hinc iam obliviscere Graios
     Neapel, im Museum, Tafel 10.

13   CIL IV 8379
     Entelle, heroum
     I 10, 8, auf dem rechten Pfeiler vor dem Schlafzimmer.

14   CIL IV 1237 und 8292
     Vidisti quo Turnus equo
     VI 1, 24, links;
     I 10, 4 (Haus des Menander), rechts.

15   CIL IV 2310k
     Tu, dea, tu pr(a)ese(n)s nostro succurre labori
     VII 3, von der Südseite des Häuserblocks.

16   CIL IV 1982
     Carminibus Circe socios mutavit Olyxis
     VII 9 (Gebäude der Eumachia), Außenseite der Nordwand.

17   CIL IV 4677
     Flaccus Horatius
     VI 15, 20, links; sehr unsichere Lesung.

18   CIL IV 7353 (vgl. 8568. 8995)
     Romulus in caelo
     I 10, 4 (Haus des Menander), an der Feueröffnung der Bad-
     beheizung

19   CIL IV 3072
     Aeneadum genetrix
     VIII 1, an der nördlichen Außenmauer der Basilika, etwa acht
     Meter vom Forum entfernt.

20   CIL IV 6698
     Idai cernu nemura
     V 3, 4, in dem Raum rechts vom Garten, an der rechten Wand,
     dicht über dem Boden.

Wer du auch seiest, vergiß der verlorenen Griechen von
nun an!

Verg. Än. 2, 148.

O Entellus, von den Heroen . . .

Verg. Än. 5, 389.

Du sahst, auf welchem Rosse Turnus . . .

Verg. Än. 9, 269.

Du Göttin, sei uns nah und stehe uns in der Mühsal bei!

Verg. Än. 9, 404.

Circes Zaubergesang hat des Ulixes Gefährten verwandelt.

Verg. Eclogae 8, 70.

Von dem sicher in den Schulen gelesenen Quintus Horatius
Flaccus hat sich nur der Name an einer Wand gefunden.

Romulus im Himmel . . .

Ennius annales 119.

Urmutter des Geschlechtes des Äneas . . .

Anfangsworte von Lucretius de rerum natura; auch sonst wiederholt
Aeneadum.

Die Höhen des Ida sehe ich . . .

Seneca Agam. 730; Idaea cerno nemora.

21   CIL IV 4235 und 8436
Barbara barbaribus barbabant barbara barbis
Vgl. Woch. f. klass. Phil. 1910, S. 238.
V 2, Nordseite, erster Eingang von Osten, in dem Schlafzimmer rechts vom Tablinum, an der Vorderwand, rechts; I 12, 3, links.

22   CIL IV 2069
Moram si quaeres, sparge miliu(m) et collige
VIII 4, 4 (Haus des Holconius), im Peristyl, an der Ecksäule im SW.

23   CIL IV 2069
Minimum malum fit conte(m)nendo maxumum
Neapel, im Museum, Tafel 1.

24   CIL IV 1899 und p. 456
Hominem reddit rhetor; qui emit servom (doctu)m, os non habet
Neapel, im Museum, Tafel 22.

25   CIL IV 5011
Lector an mathematicus an rhetoricos?
IX 2, 26, in der Porticus vor dem Garten, am zweiten Pfeiler von rechts.

26   CIL IV 5112
Discite: Dum vivo, mors, inimica venis
IX 3, 18, rechts.

27   CIL IV 5279
Tu mortu(u)s es, tu nugas es
IX 7, 12, an der Südwand des Gartens.

28   CIL IV 5461
ΑΒΓΔΕΖΗΘΙΚΛΜΝΞΟΠΡϹΤΥΦΧΨⲰ
IV 2, 3, im letzten Triclinium, rechts.

29   CIL IV 9231 (und: A. Maiuri: La Villa dei Misteri, Roma 1931 Nr. 21, S. 243)
Mantisyna tripoda puthiis poti putiis pota putaisa dystuiaianta pspomantis . . . . .
In der Villa Iuliana.

Ein unübersetzbarer, eine Zungenübung darstellender oder als Musterhexameter dienender Vers; nach Heräus ein Zauberspruch.

Wenn du Zeitvertreib suchst, streue Hirse aus und sammle sie!

Das kleinste Übel wird, wenn man es verachtet, zum größten.

Der Redner macht den Mann aus; wer einen gelehrten Sklaven kauft, hat nichts mehr zu sagen.

Ist der Lektor ein Mathematiker oder Rhetoriker?

Merkt's euch: Solange ich lebe, kommst du, Tod, als Feind!

Gestorben bist du, bist null und nichtig.

Als Schreibübungen von Schulknaben finden sich auch griechische Alphabete.

Von einigen griechischen Wörtern abgesehen unverständlich.

30   CIL IV 5202

Θεῶν ἡμέρας· Κρόνου, Ἡλίου, Σελήνης, Ἄρεως, Ἑ(
μοῦ, Διός, Ἀφροδείτης

IX 13, Südseite, vierter Eingang von Westen, im Atrium.

31   CIL IV 2400 a. b. und p. 456

Ἤδη μοι Διὸς ἆρ' ἀπάτα παρά σοι Διομήδη;

IX 1, 22, im Innern.

32   CIL IV 4078

Καί μιν φωνή(σας)

V 1, 26 (Haus des L. Caecilius Iucundus), an der rechten Wan(
des Tablinums.

33   CIL IV 8406

Herodotus

I 10, 11, rechts von der Tür des dritten Schlafzimmers.

34   CIL IV 8338

Menander

I 10, 4 (Haus des Menander), an der dritten Südsäule der
Porticus

35   CIL IV 7350

Menander. Hic primus omnium comoediam scripsit . . .

I 10, 4 (Haus des Menander), von einem Gemälde des sitzen-
den Dichters, der eine Papyrusrolle hält, auf der diese Worte
stehen.

36   CIL IV 3407

(" Οσσ' ἔλο)μεν, λιπόμεσθα· ὅσσ' οὐκ ἔλο(μ)εν, (φε)ρ(όμ)
εσθα

V 1, 18, im letzten Schlafzimmer links im Peristyl; vgl. „Le-
gende von Homer, dem fahrenden Sänger", deutsch von
W. Schadewaldt, Potsdam, ohne Jahr, Seite 56.

Tage der Götter: Kronos, Helios, Selene, Ares, Hermes, Zeus, Aphrodite.

War es mir gar eine Täuschung des Zeus von deiner Seite, Diomedes?

Anagramm.

Und ihn anredend . . .

Anfang des bekannten Homerverses.

Name des griechischen Geschichtsschreibers.

Name des griechischen Komödiendichters.

Menander. Dieser hat zuerst von allen eine Komödie geschrieben . . .

Was wir fingen, warfen wir weg; was wir nicht fingen, tragen wir bei uns.

Beischrift zu einem Wandgemälde, das eine homerische Anekdote zum Gegenstand hat. Mit leeren Händen vom Fischzug heimkehrende Fischer (ἀλεῖς) geben dem Homer (Ὅμηρος) auf dessen Frage, was sie gefangen hätten, in Form eines Hexameters eine rätselhafte Antwort, wobei sie nicht an ihren Fischzug denken, sondern an ihre Flöhe.

85

I

1   CIL IV 844 (vgl. 8426)
Lares propitios
VII 3, 22.

2   CIL IV 8282
Lares Augustos
I 10, 3, unter einer Aedicula der Vorhalle.

3   CIL IV 6885
(O f)ormonsa domus domino veneranda futura
Pompeji, im Museum.

4   CIL IV 294
*Iu(v)enilla nata diie Satu(rni) (h)ora secu(nda) v(esper-
tina) IIII. Non(as) Au(gustas)*
Von der Via della Fortuna.

5   CIL IV 8149
Natus Cornelius Sabinus
I 7, 7 (Haus des Cornelius Amandus Sacerdos), auf einem Pfei-
ler rechts vom Eingang.

6   CIL IV 6721
V. Idus Octobres natal(is)
V 3, 10, auf der rechten Wand einer Porticus hinter dem Tabli-
num.

7   CIL IV 9116
Mortu(u)s Gl(œ)rus posteru(m) Nonas
IX 17, 4, links.

8   CIL IV 7355
Sporus (h)omo mortu(u)s
I 10, 4 (Haus des Menander), auf einem Marmor-Bruchstück
im Peristyl.

9   CIL IV 1544
*M. Vinicius Vitalis exit pr. Non. Iulias Afreno et Africano
cos.*
VI 14, 43.

FAMILIENNACHRICHTEN, HAUSHALTUNGSNOTIZEN, GESCHÄFTLICHES

Laren, seid uns gnädig!

> *Gemalte Inschrift unter einem Hausaltar.*

Die Laren des Augustus verehre ich.

Du prächtiges Haus, dem Besitzer auch in Zukunft ein Gegenstand freudiger Verehrung.

Ein Mädchen ist geboren worden am Samstag in der zweiten Abendstunde des 2. August.

> *In der Lesung nicht sicher.*

Cornelius Sabinus ist auf die Welt gekommen.

Am 11. Oktober Geburtstag.

Gestorben ist Glerus am letzten Tag vor den Nonen.

Sporus ein toter Mann.

> *Dipinto.*

Marcus Vinicius Vitalis starb am 6. Juli unter dem Konsulat des Afrinus und Africanus.

10   CIL IV 879
      M. Lucretio flam(ini) Martis, decurioni Pompeis
      Neapel, im Museum.

11   CIL IV 918
      Secundus regimonium tenet feliciter
      VII 1, 25, im fünften Schlafzimmer.

12   CIL IV 1555
      L. Nonio Asprenate A. Plotio cos. assellus natus pridie Nona
      Capratinas
      VI 14, 5, an der rechten Wand des Atriums.

13   CIL IV 8820
      X. K(al.) Febr(u)a(rias) ursa peperit diem Iovis
      IX 19, 1 (Haus des A. Trebius Valens), im Atrium, an der Ost-
      wand eines Schlafzimmers.

14   CIL IV 3890
      XV. K. Nov. Puteolana peperit masc(u)l(os) III, femel
      (las) II
      I 2, 6, an der Vorderwand des Peristyls, links.

15   CIL IV 6853
      XVI. K. Feb. coco venit
      VI 16, 29, an der Vorderwand des Atriums, rechts neben der
      zweiten Tür von Norden.

16   CIL IV 6838
      IX. K. Iunias inperator. Dies fuit Solis
      VI 16, 10, an der linken Wand des Ladens.

17   CIL IV 3888 XIII.
      XIII. K. Dec. in conventu(m) veni
      I 2, 6, an der rechten Wand des Atriums, rechts neben der zwei-
      ten Tür.

18   CIL IV 5181
      VII. K. Dec. Salinis in conventu; multa HS XX
      IX 13, 8, rechts, kurz vor der NO-Ecke im Osten.

An Marcus Lucretius, Priester des Mars, Ratsherr in Pom-
peii.

Secundus führt die Verwaltung glücklich.

*Unter dem Konsulat des Lucius Nonius Asprenas und des
Aulus Plotius (29 n. Chr.) ist ein Eselchen geboren worden
am 6. Juli.*

Am 23. Januar hat die Bärin geworfen, am Donnerstag.

*Am 18. Oktober hat die Puteolanerin Junge zur Welt ge-
bracht, 3 Männchen und 2 Weibchen.*

Am 17. Januar ist unser Koch (cocus) gekommen.

Am 24. Mai der Kaiser dagewesen. Es war Sonntag.

Am 19. November bin ich in die Versammlung gekommen.

*Am 25. November in Salinä in der Versammlung gewesen;
Geldstrafe 20 Sesterze.*

Salinä ein Vorort an der Küste, wo Salz gewonnen wurde.

19 CIL IV 116

Pituita me tenet

Vielleicht unecht; vgl. aber CIL IV 7080: Gravedo me tenet:
V 5, Südseite, rechts vom sechsten Eingang von Westen.

20 CIL IV 8972

XIII. K. Maias panem feci

IX 9, 1–3 (Haus des Obellius Firmus), an der Wand eines
Schlafzimmers an der Westseite des Peristyls.

21 CIL IV 8489

Oliva condita XVII. K. Novembres

II 2, 3 (Schenke des Athictus), an der Ostwand unter einer
Aedicula.

22 CIL IV 6873

Pr. K. M(a)ias supposui gall(inae)

Pompeji, im Museum.

23 CIL IV 5380

VIII. Idus: casium I, pane(m) VIII, oleum III, vinum II
VII. Idus: pane(m) VIII, oleum V, cepas V, pultarium I
  pane(m) puero II, vinum II
VI. Idus: pane(m) VIII, puero pane(m) IV, halica III
V. Idus: vinum domatori ⚹, pane(m) VIII, vinum II
  casium II
IV. Idus: tridicum ⚹ I, bubella(m) I, palmas I, thus I
  casium II, botellum I, casium molle(m) IV, oleum VII
III. Idus: pane(m) II, pane(m) puero II
Pri(die) Idus: puero pane(m) II, pane(m) cibar(ium) II
  porrum I
Idubus: pane(m) II, pane(m) cibar(ium) II, oleum V
  halica III, domatori pisciculum II

IX 14, Nordseite, vierter Eingang, an einer Nordwand des
Innern.

Mich plagt der Schnupfen.

Am 19. April habe ich Brot gebacken.

Die Oliven eingelegt am 16. Oktober.

Am 30. April habe ich der Henne (die Eier) untergelegt.

Am 8. Tage vor den Iden: Käse 1 (As), Brot 8, Öl 3, Wein 3
Am 7. T. v. d. I.: Brot 8, Öl 5, Zwiebel 5, Geschirr 1, Brot
für den Knecht 2, Wein 2
Am 6. T. v. d. I.: Brot 8, für den Knecht Brot 4, Spelt-
graupen 3
Am 5. T. v. d. I.: Wein für den Bereiter 1 Denar, Brot 8
(As), Wein 2, Käse 2
Am 4. T. v. d. I.: Weizen 1 Denar, Rindfleisch 1 (As),
Datteln 1, Weihrauch 1, Käse 2, Würstchen 1, Weich-
käse 4, Öl 7
Am 3. T. v. d. I.: Brot 2, Brot für den Knecht 2
Am Tag vor den Iden: für den Knecht Brot 2, Hausbrot 2,
Lauch 1
An den Iden: Brot 2, Hausbrot 2, Öl 5, Speltgraupen 3,
für den Bereiter ein Fischlein 2. *Tägliche Ausgaben; gekürzt.*

24 CIL IV 4000
Oleum l(ibra) a(sses) IV, palea(m) a. V, faenum a. XVI,
diaria a. V, furfure(m) a. VI, viria(m) I a. III, oleum
a. VI
I 3, im Raum neben der Mühle 27, auf der gegenüberliegenden
Wand.

25 CIL IV 1393
K. XII. Maias tun(icam) pal(lium), Nonis Mais fas-
(ciam), VIII. Idus Ma(ia)s tunicas II
VI, 11, 13, an der Nordwand des Atriums.

26 CIL IV 2070
IIX. Id(us) Iulias axungia p(ondo) CC, aliu(m) manuplos
CCL
VIII 4, 4 (Haus des Holconius), an der rechten Wand des
Peristyls, rechts neben der vierten Tür.

27 CIL IV 4610
XIII. K. Fe(bruarias) ol(e)i p(ondo) DCCCXXXX
VI 15, 2, an der linken Wand des Peristyl.

28 CIL IV 5363
Lana p(ondo) XVIII
IX 14, Westseite, zweiter Eingang von Norden, an dem linken
Pfeiler zwischen Atrium und Peristyls.

29 CIL IV 1239 und p. 205
Faenu(m) al(l)atum VIII. Idus Octo(bres)
VI 1, von der Ostseite des Häuserblocks.

30 CIL IV 6897
Pabu(li) spo(rtae) XX
Pompeji, im Museum.

31 CIL IV 6887
In acervo magno pali sunt MXXIII
Aus einer bei Pompeji im Gebiet der Civita Giuliana ausge-
grabenen Villa.

32 CIL IV 6886
Palos acutos   DCCCXL
Qui non acuti   CDLX
Summa   MCCC
Aus einer bei Pompeji im Gebiet der Civita Giuliana ausge-
grabenen Villa, heute in Pompeji, im Museum.

Für 1 Pfd. Öl 4 As, für Spreu 5 As, für Heu 16 As, für Taglohn 5 As, für Kleie 6 As, für 1 Armband 3 As, für Öl 6 As.

Am 20. April eine Tunika und ein Pallium, am 7. Mai eine Binde, am 8. Mai zwei Tuniken.

Ergänze etwa: zum Waschen gegeben.

Am 8. Juli Schweinefett 200 Pfd., Knoblauch 250 Bündel.

Verkaufte oder zum Verkauf bereitgelegte Waren.

Am 20. Januar 840 Pfd. Öl.

18 Pfd. Wolle.

Heu eingebracht am 8. Oktober.

20 Körbe Futter.

In dem großen Haufen liegen 1023 Pfähle.

Gespitzte Pfähle   840
Ungespitzte   460
Zusammen: 1300.

33   CIL IV 5430
Hordeum CCDLXXVI, faba m(o)d(ii) DLXXXVII
Aus einer bei Pompeji in Boscoreale ausgegrabenen Villa.

34   CIL IV 1858 und pp. 213, 464
Frumentu(m) m(odius) IS a(ssibus) XIIX
Neapel, im Museum.

35   CIL IV 8861
PRI
*AX*IIIIIIIIIIIIIIIIIIIIIIIIIV
FLORVS
FLC XIIIIIIIIIIIIIIIIIIII/I\   IIIIIIIIIIIIIIIIIIIIII   IIII
L
O IIIIIIIIIV   IIIIIII
III 1, 1, an der Westwand im Innern des Geschirrladens des
Zosimus.

36   CIL IV 9108
Prid(ie) Nonis Iulis tunica HS XV
IX 16, 1, an der Westwand des Ladens einer Weberei.

37   CIL IV 9083
Tunica lintea aur(ata)
IX 14, 5 (Betrieb des M. Vecilius Verecundus), rechts.

38   CIL IV 9109
Scri(p)si, coeptum stamen Decembre VII. K. Ianuarias
IX 16, 2, links der Treppe.

39   CIL IV 1507
Vitalis trama pe(n)su(m)
Florentina pe(n)sa III
Amaryllis pe(n)s(a) V trama et stamen
Ianuaria supte(men) pe(n)sa II et sta(men) pe(n)s(a) du(e)
   s(emis)
Heracla p(ensa) II suptemen
Maria p(ensa) III stamen

Gerste 376 Scheffel, Bohnen 587 Scheffel.

Getreide $1^1/_2$ Scheffel für 18 As.

Notizen in einem Laden; Kundenrechnungen.
Derartige Aufzeichnungen finden sich nicht selten in Weinschenken,
  Privatzimmern, Atrien und Peristylen, an Wänden und Säulen.

Am 6. Juli eine Tunika 15 Sesterze.
Kaufpreis.

Mit Goldfäden durchwirkte Linnentunika.
In der Nähe einer Weberei.

*Ich habe es notiert, das Weben hat begonnen im Dezember,
am 26.*

Vitalis Aufzug, ein Pensum
Florentina 3 Pensen
Amaryllis 5 Pensen, Aufzug und Kette
Januaria, Einschlag 2 Pensen und Kette $2^1/_2$ Pensen

Heracla 2 Pensen, Einschlag
Maria 3 Pensen, Kette

Lalage p(ensa) III stamen
Ianuaria p(ensa) II trama
Florentina pe(n)su(m) trama
Damalis trama pe(n)su(m)
S... rusa trama pe(n)su(m)
Baptis pe(n)su(m) trama
Doris pe(n)su(m) stamen
VI 13, 6, an der dritten Säule der linken Reihe.

40   CIL IV 6877

Operaris pane(m) denariu(m)

Pompeji, im Museum.

41   CIL IV 6733

Ex XIIII. K. Apriles diaria reliquimus

IV 1, 1, in einer Bäckerei neben einer Mühle, an der Vorderwand links.

42   CIL IV 4528

IV. Idus Feb. Vettia ✳ XX, usu(ra) a(sses) XII.
Non. Febra. Faustilla ✳ XV, usu(ra) a. VIIII

VI 14, in einem links neben dem Laden 28 liegenden Raum.

43   CIL IV 8310

... quam pecuniam Quintus Cn. Pontio Silano locavit

I 10, 4 (Haus des Menander), an der Westwand des Peristyls.

44   CIL IV 4495

A. d. XI. K. Iun. Lamius auctionem fecit ...

VI 13, 19, im Raum links neben dem Eingang.

45   CIL IV 5432

VII. Idus Maias auct(io) fact(a) Germanico cos.

Pompeji, im Museum.

Lalage 3 Pensen, Kette
Januaria 2 Pensen, Aufzug
Florentina ein Pensum, Aufzug
Damalis Aufzug, ein Pensum
S . . . rusa Aufzug, ein Pensum
Baptis ein Pensum, Aufzug
Doris ein Pensum, Kette.
Eingekratzt in eine Säule des Peristyls, wo in Spinnereien die Web-
stühle aufgestellt waren. Die Ausdrücke beziehen sich auf die Lage
der Fäden im Gewebe; die zugewogenen Fäden [pensum] waren von
den Sklavinnen abzuarbeiten.

Den Taglöhnern (operariis) Brot für einen Denar.

Seit dem 19. März haben wir den Taglohn ausstehen.

Am 10. Februar von Vettia für geliehene 20 Denare Zins
12 As. Am 5. Februar von Faustilla für geliehene 15 Denare
Zins 9 As.

$3\frac{3}{4}$% *Monatszins.*

. . . welche Summe Quintus dem Pontius Silanus geliehen hat.

Am 22. Mai hat Lamius Versteigerung abgehalten . . .

Am 9. Mai Versteigerung abgehalten unter dem Konsulat
des Germanicus.

46　CIL IV 1096

Permissu aedilium Cn. Aninius Fortunatus occup(avit)

II, 6, Amphitheater.

47　CIL IV 8432

Gaphyr(i) locus

I 11, 1, auf dem Sockel über dem Bürgersteig.

48　CIL 1769

Pudens libarius hic

VII 7, an der Außenwand des Apollo-Tempels, nahe dem Süd-
eingang.

49　CIL IV 1569

Tiburtinus, locus

VII 4, 57 (Haus der Figuren-Kapitelle), an der Rückwand des
Peristyls.

50　CIL IV 4182

*Nerone Caesare Augusto Cosso Lentulo Cossi fil(io) cos.
VIII. Idus Febrarias dies Solis, luna XIIIIX, nun(dinae)
Cumis, V. nun(dinae) Pompeis*

V 2, Nordseite, dritter Eingang von Westen (Haus der Silber-
hochzeit), im Peristyl, an der mittleren Säule der vorderen
Reihe.

51　CIL IV 8863

*Dies nundinae
Sat(urni) Pompeis
Sol(is) Nuceria
Lun(ae) Atella
Mar(tis) Nola
Merc(urii) Cumis
Iov(is) Putiolos
Ven(eris) Roma*

III 1, 1, an der Westwand des Geschirrladens des Zosimus.

98

Mit Genehmigung der Ädilen hat Cnäus Aninius Fortunatus den Platz besetzt.

Gemalte Inschrift am Amphitheater, in dessen Arkaden Kleinhändler Stände und Verkaufstische aufschlugen.

Platz des Gaphyrus.

Der Kuchenverkäufer Pudens ist hier.

Tiburtinus, mein Platz.

Unter dem Konsulat des Kaisers Nero und des Cossus Lentulus, des Sohnes des Cossus, (60 n. Chr.) am 6. Februar, Sonntag, 16. Tag nach Neumond, Markt in Cumä, am 9. Februar Markt in Pompeii.

Markttage:
Samstag in Pompeii
Sonntag in Nuceria
Montag in Atella
Dienstag in Nola
Mittwoch in Cumä
Donnerstag in Puteoli
Freitag in Rom.
Gekürzt, da der Sinn der beigesetzten Zahlen [Daten] nicht klar ist.

52 CIL IV 7678

Vasa faecaria ven(dit Zosimus)

III 1, 1.

53 CIL IV 1712

Pr. Idus Iulias refeci scalpru(m) anglatu(m) et subla(m)
nerviaria(m)

VII 1, 42, an der Südwand einer Schusterwerkstätte.

54 CIL IV 1595

Serpentis lusus si qui sibi forte notavit,
Sepumius iuvenis quos fac(i)t ingenio:
spectator scaenae sive es studiosus equorum,
sic habeas lances semper ubique pares

Neapel, im Museum; vgl. Ovid, Amores, 3, 2, 1.

55 CIL IV 6697 (vgl. 8891. 8231 und öfter)

Venimus hoc cupidi, multo magis ire cupimus,
ut liceat nostros visere, Roma, Lares

V 3, 4, im letzten Zimmer rechts vom Garten, an der linken
Wand.

Beispiel eines Graffito
(Ein Schmeichler schreibt: Semper M. Terentius Eudoxsus unus sup-
stenet amicos et tenet et tutat, supstenet omne(m) modu(m);
vgl. oben S. 74, 26.)

Zosimus verkauft Gefäße für Fischsoßen.

Mit Rötel geschriebene Anzeige an der Außenseite des Geschirrladens
des Zosimus, dessen Name sich zweimal im Hausinnern findet.

Am 14. Juli habe ich das gebogene Messer und die Leder-
ahle repariert.

Scalpro anglato für scalpru(m) anglatu(m), Lesung nach Heräus.

Ob einer sich die Schlangenspiele angesehen hat, die der
junge Sepumius geschickt vorführt: ob du Zuschauer im
Theater bist oder ein Liebhaber der Rosse, halte immer und
überall die Waagschalen im Gleichgewicht!

Verlier nicht das seelische Gleichgewicht! Die Verse sind in Schlan-
genwindungen geschrieben.

Gern sind wir hieher gekommen, noch lieber möchten wir
gehen, damit wir unsere Laren wieder sehen dürfen, o Rom.

GAVIVM·AED·V
VICINI·ROG.

Beispiel eines Dipinto
(Gavium aed(ilem) o(ro) v(os) f(aciatis). Vicini rog(ant).)
Ich bitte euch, macht den Gavius zum Ädilen! Die Nachbarn schla-
gen ihn vor.

In einem entwickelten Wirtschaftsleben ist der Ausrufer, wie ihn der Leser von Tausendundeiner Nacht kennenlernt und wie er noch bis ins vorige Jahrhundert auch bei uns bekannt war, eine unentbehrliche Persönlichkeit. Mit zunehmender Kenntnis von Lesen und Schreiben wird dieser Mann durch die Schrift ersetzt, die, wie unsere Preisankündigungen, Firmentafeln, Annoncen, an der Außenseite der Häuser ihren selbstverständlichen Platz findet. Auch die Behörden hatten ein Interesse daran, amtliche Bekanntmachungen in dieser Form kundzugeben. In der kulturell hochentwickelten Spätantike, also etwa seit Beginn unserer Zeitrechnung, war in den Städten Lesen und Schreiben verbreitet genug, daß schriftliche Ankündigungen erlassen werden konnten. Dann aber griffen auch Leute, namentlich der niederen Stände, zu diesem Mittel, um Herzensergießungen jeder Art an den Mann zu bringen.

In keiner antiken Stadt sind solche Inschriften an den Wänden von Privathäusern und öffentlichen Bauten in größerer Zahl erhalten als in Pompeji, weil kaum eine zweite Stadt des Altertums in diesem Umfang und in so ursprünglicher Gestalt wieder ans Tageslicht getreten ist. Diese Inschriften zerfallen in zwei Gruppen, Dipinti und Graffiti, von denen die ersten mit dem Pinsel meist in roter Farbe gemalt, die anderen mit einem Nagel, einem Griffel oder einem anderen spitzigen Instrument in den Wandbewurf eingekratzt sind.

Manches, was noch vor fünfzig Jahren gut lesbar war, ist schon verblaßt. Die wertvollsten Inschriften sind, mit dem Stuck losgelöst, ins Museum nach Neapel gebracht worden, viele sind in den „Neuen Ausgrabungen" noch an Ort und Stelle, durch Glas oder Vorhänge geschützt. Der Besucher der Ruinenstadt, der wohl da und dort eine solche Inschrift trifft, aber nicht Zeit für eingehendes Studium hat, empfindet dann oftmals den Wunsch, in bündiger Form einen Überblick über diese kulturgeschichtlich bedeutsame Erscheinung zu gewinnen. Diesem Zweck soll dies Bändchen dienen, das eine größere Auswahl pompejanischer Inschriften in Original und Übersetzung, in natürliche Gruppen gegliedert, darbietet; es verdankt seine Entstehung einem mehrmaligen Aufenthalt in der alten Stadt.

Während die an die pompejanische Öffentlichkeit gerichteten Bekanntmachungen (Kap. A, B, C), wenn nicht anders vermerkt, Dipinti sind, handelt es sich bei den übrigen Inschriften fast durchweg um Graffiti, Aufzeichnungen mehr privater Natur. Aus der mühsamen Arbeit des Einritzens – der damaligen Schreibweise entsprechend fanden nur große Buchstaben Verwendung – erklärt sich die sprachliche Knappheit des Ausdrucks, so daß manches in seiner Bedeutung unsicher bleibt oder da und dort verschiedene Auslegungen möglich sind. Die von den Schreibern verwendeten Wortkürzungen sind bei leichter Verständlichkeit beibehalten worden, meist sind jedoch die Ergänzungen in Klammern beigesetzt. Einige Inschriften sind gekürzt. Auch eine Anzahl heute nicht mehr vorhandener Wandinschriften, deren Kenntnis den Aufzeichnungen früherer Archäologen zu danken ist, ist in unsere Sammlung aufgenommen.

Möge dem Besucher Pompejis mit der Stadt auch der Städter wieder aufleben!

Zur 2. Auflage

Das Auffinden einer bestimmten Wandinschrift ohne nähere Angabe des Standorts ist nicht möglich. Diesem Umstand ist nur Rechnung getragen durch den Lektor der Universität Rostock, Dr. Werner Krenkel, der den Inschriften nachspürte und die Fundstellen nach Regio (Stadtgegend), Insula (Häuserblock) und Domus (Haus) angab. So ist das Buch zu einem Führer beim Studium der antiken Inschriften umgestaltet worden. Der beigegebene Plan von Pompeji, ebenso das nach Regionen geordnete Verzeichnis der Wandinschriften werden dem Benützer des Buches willkommen sein. Die Angabe der Nummer im Band IV des Corpus Inscriptionum Latinarum (CIL) wird dem Interessierten die vertiefende Arbeit erleichtern.

Da Wahlplakate, Namenkritzeleien und Reklameschilder meist an oder in den Häusern derer gefunden werden, deren Namen sie enthalten, lockern die lokalisierten Inschriften zugleich die übergroße Fülle nahezu gleichartiger Ruinen auf und erfüllen sie mit einem Hauch fernen Lebens. Mancher Pompejibesucher wird nicht mehr hinter dem hastenden Führer durch die heißen Straßen der alten Stadt eilen, sondern er wird sich mit den angefügten Ortsangaben zurechtfinden, obwohl viele Inschriften recht verwaschen und schwer lesbar sind.

Möge das keinen Touristen belastende neue Büchlein dem Pompejifahrer Vergnügen bereiten, wenn er beim Lesen der Inschriften die Bewohner des alten Pompeji leibhaftig vor sich zu sehen glaubt, im Wahlkampf, bei den Gladiatorenspielen, im Theater, bei Handel und Verkehr, in der Familie und in der lärmerfüllten Weinstube. Der junge Pompejaner kann im Umgang mit seinen Freundinnen beobachtet werden, sogar den Spuren des ABC-Schützen vermag man zu folgen. Die tote Stadt wird dem Reisenden lebendig werden. Ja, Goethe hatte recht, wenn er, hingerissen von den Eindrücken bei seinem Besuch in Pompeji, die Worte niederschrieb, es sei viel Unheil in der Welt geschehen, aber wenig, das den Nachkommen so viel Freude gemacht habe.

Literatur

1. Corpus inscriptionum Latinarum, volumen quartum edi dit C. Zangemeister, Berlin 1871; voluminis quarti supplementum: pars prior: Tabulae ceratae Pompeis repertae editae a C. Zangemeister, Berlin 1898; pars posterior: Inscriptiones parietariae et vasorum fictilium editae ab A. Mau, Berlin 1909; pars tertia: Inscriptiones Pompeianae parietariae et vasorum fictilium, edidit M. Della Corte, Berlin 1952, 1955 ff.

2. Atti della Accademia dei Lincei. Notizie degli Scavi di Antichità, Roma 1910 ff.

3. E. Diehl: Pompejanische Wandinschriften und Verwandtes (Kleine Texte Bd. 56) Berlin 1930².

4. Fr. C. Wick: Vindiciae carminum Pompeianorum, Napoli 1907.

5. Carmina Latina Epigraphica conlegit Fr. Buecheler. III Supplementum curavit E. Lommatzsch, Leipzig 1926.

6. W. Heraeus: Petronii cena Trimalchionis nebst ausgewählten Pompejanischen Wandinschriften, Heidelberg 1923.

7. Magaldi: Le iscrizioni parietali Pompeiane, Napoli 1931.

8. V. Väänänen: Le Latin vulgaire des inscriptions Pompéiennes, Berlin 1959².

9. Overbeck-Mau: Pompeji in seinen Gebäuden, Altertümern und Kunstwerken, Leipzig 1884⁴.

10. A. Mau: Pompeji in Leben und Kunst, Leipzig 1908²; Anhang zur 2. Auflage von Pompeji in Leben und Kunst, bearbeitet von F. Drexel, Leipzig 1913.

11. A. Ippel: Pompeji (Berühmte Kunststätten Bd. 68), Leipzig 1925.

12. T. Warscher: Pompeji, ein Führer durch die Ruinen, Berlin-Leipzig 1925.

13. A. W. van Buren: A Companion to Pompeji, Rome 1927.

14. R. C. Carrington: Pompeji, Oxford 1936.

15. E. C. Conte Corti: Untergang und Auferstehung von Pompeji und Herculaneum München 1940.

16. A. Maiuri: Pompeji, Wien-Novara 1940.

17. B. J. Sergejenko: Pompeji, Letpzig 1953.

18. M. Della Corte: Case ed Abitanti di Pompei, Pompei-Roma 1954².

19. H. G. Beyen: Die pompejanische Wanddekoration vom zweiten bis zum vierten Stil, Haag 1938.

20. K. Schefold: Pompejanische Malerei. Sinn und Ideengeschichte, Basel 1952.

21. K. Schefold: Die Wände Pompejis. Topographisches Verzeichnis der Bildmotive Berlin 1957.

Regional-Verzeichnis der Inschriften

Den nebenstehenden Plan von Pompeji zeichnete Werner Krenkel

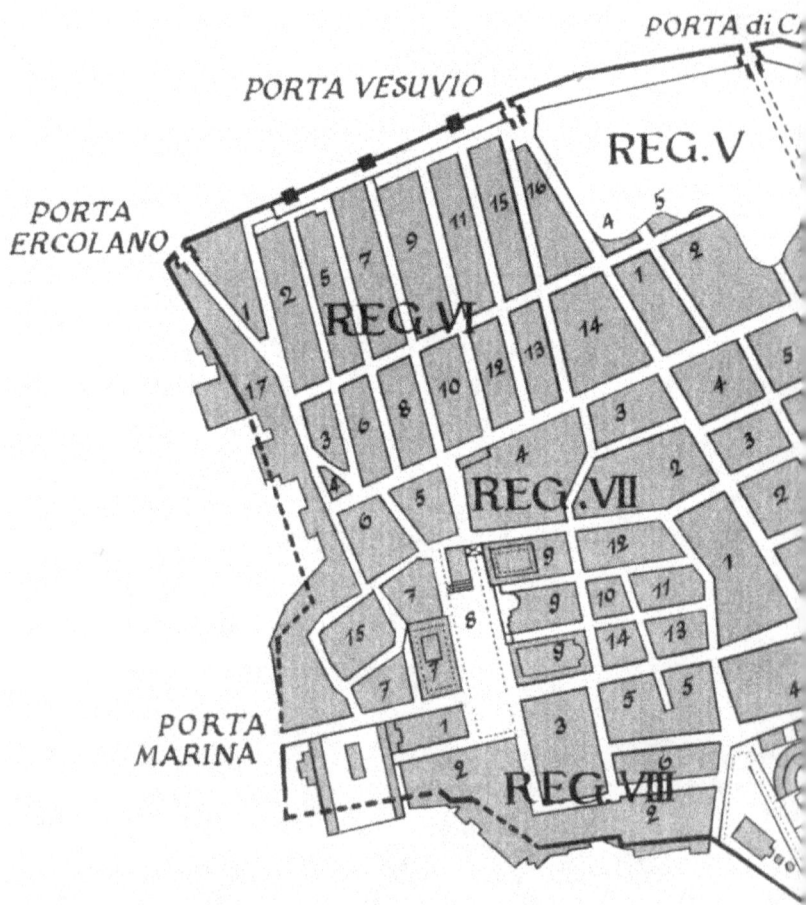

PORTA di C

PORTA VESUVIO

REG. V

PORTA
ERCOLANO

REG. VI

PORTA
MARINA

REG. VII

REG. VIII

REG. IV

PORTA di NOLA

REG. III

PORTA di SARNO

REG. IX

REG. II

REG. I

PORTA di NOCERA

PORTA di STABIA

W.K.fecit